民俗学断章

篠原 徹

社会評論社

目次

はじめに

旅に出てみたいと親にも告げずに学校を早引きして、ふらっと家出まがいに汽車に乗ったのは中学三年生の夏休み明けの九月であった。目的地はとくだん定めていなかったが中央線のとある駅で降りて山越えに飯田線の飯田に向かったことを覚えている。これが言うなれば最初の一人旅であった。駅から木曽川の左岸にあたる山道に入り、最初の日は読書村という変わった名前の村で泊まった。山道を歩いている時、村の若者に声をかけられ、青年たちが集まっているところに連れていかれそこで一緒に夜を過ごしたことを記憶している。考えてみると青年たちが集まっていた家は民俗学がいうところの若者宿であったと思う。ここを取り仕切っていたのは声をかけてくれた若者でその集まりの中心人物であった。この若者は感じのよい若い女性と仲良さそうに一緒にいた。リーダーらしいこの若者と一緒にいた若い女性は許嫁であることは、宿にいた他の若者がひやかすので自然にわかった。しかし当の二人はなんら照れることもなく堂々としていて穏やかなものであった。夕方、山道を学校がある期間なのに一人で歩いている中学生を不審に思ったのだろうけど、そのことは決して口には出さず、どこへ行くのかと聞かれて飯田だと答えると今日は無理だから泊まっていけと言って連れていかれたのが若者宿だったというわけである。次の日の朝、ご飯を食べさせてもらって道を教えてもらい餞別までもらって大平峠を越えて飯田に向かった。見送ってくれたのはこの若者と許嫁の女性であったがすがすがしい感じであった。これから二日間はお堂とか小屋に野宿して飯田に出た。飯田からもっていたお金と餞別のお金で汽車で豊橋まで行き、東海道の御油にあった母の実家に行って一泊した。伯父と伯母はびっくりしていたが、とくだん詰問されることもなく次の日名古屋の自分の家に帰った。伯父は家には電話を入れていたようだ。そのときは父も母も何も言わなかったが数年経った高校の頃、もう一日帰ってこなかったら捜索願いを出そうと思っていたと父が笑いながら言ったのを記憶している。何事に寛容で怒ることのなかった父親であった。

この一人旅を現在の地図で自分の辿った行程を確かめようとしたが、思い出せなかった。どの駅で降りたのかも定かではないが、読書村と大平峠の名称だけは鮮明に覚えているので、与川峠から大平峠にでて飯田峠を越えて飯田市に入ったようだ。そうだとすれば読書村に近い駅は現在では南木曾駅ということになる。

知らない土地に一人でふらっと行くことは初めてのことであったが、それがおもしろいものだということがわかった。何がおもしろくて、何が分かったのかということは分からなかったが、他所の土地の自然や他所の人びとの生活を訪ね歩くことを職業にするようになったことと私の深い意識の中でつながっているにちがいない。民俗学という学問は大学や研究機関で一人前の専門分野として認められるようになってきたのは最近のことである。私は幸運にも民俗学を標榜して研究機関の中で生きていくことができた。職業として民俗学者を名乗りあちこち調査をしてきた。しかしこれは他者を知るために旅をしてきたのであって、どうやら中学生の折の家出まがいの旅の延長にすぎなかったのかもしれない。言うなれば旅の人生であったことを回想的に振り返ってみて肯定しようが否定しようが、こうでしかありえなかったとしか言い様がない。一応民俗学を標榜した旅の人生であったが、その折々に考えてきたことや感じたことを一つのつながりとしてみるのではなく断章として綴ってみたい思っていた。この本のタイトルを『民俗学断章』と名付けた由縁である。

1章から5章までの文章は最近書いたものもあれば以前書いてどこにも発表せずに眠っていたものに手を加えたものもある。民俗学という学問分野に正統と異端あるいは本流と傍流というものがあるとは思えないが、しかしあるという人もいる。その意味で言えば私などは明らかに異端で傍流ということになる。私にとってはそんなことはどうでもいいことなのだが、傍流で異端と言っておいた方がいかにも民俗学らしくておもしろいと思う。本書は異端の民俗学者の現在の民俗学批判として読んでいただきたいと思っている。

1章

民俗学的現在と歴史性

私の民俗学の原点であった山村の背後の山の中の小炭焼きの炭窯。炭窯は毛無ヶ山《けなしがせん》の中腹にあったが、ここで鍛冶用の小炭（アカマツやクリ）を焼いていた。この山で村人から野生植物利用のことを多く教えられた。

耳底に残る祭囃子の遠い響きといえば、いかにもかつて子どもの頃に経験したかのように人は思うであろう。しかし、まったく経験したことがないにもかかわらず何かの契機で耳底に笛や太鼓の音がかすかに残っていると感じることがある。この遠い響きは、日本が近代になってからの祭囃子なのか、それとも文明としてはすでに滅んでしまったけれども近世の祭囃子なのか、どちらも私自身が直接体験した記憶ではないので弁別のしようがない。近世のものなら近代になって残滓のように置き去りにされた祭りなのかもしれない。この耳底に時にふと襲う経験したことのない感覚は、聴覚だけではなく視覚にも同様に既視感として現れることがことがある。それは秋の野に薄の銀の穂が揺れるだけで喚起されることもあるが、どちらの感覚も持続することがなく一瞬にして消えてしまう。一瞬にして消えたとしても、余韻として限りなく懐かしさを感じるのである。なぜこうした感覚の余韻を限りなく懐かしいと思うのであろうか。

このことはしばしば詩や俳諧・俳句によって惹起されることもある。一例をあげてみよう。蕪村に「凧きのふの空の有り所」という句がある。近世の上方では凧はいかのぼりというので凧の字はいかのぼりと読むようだけれども、蕪村研究者の藤田真一の評釈では「今日の凧も昨日と同じところに上がっている。昨日の記憶ははるかなる過去への思い出につながっていって少年期の懐旧に至る」(1)というものである。民俗というものはどうやら今日の凧を近代に置き換え、昨日の凧を近世ととらえられるような行為を指すのではないか。耳底に残る残響とはこうしたことを指しているけれども、詩人は鋭くそうしたことを見抜いている。蕪村は近世に生きながら詩においては近代の感覚の萌芽をすでにもっていたことは、正岡子規あるいは萩原朔太郎などが指摘していた。おそらく時代を超えて近代の人間と近世の人間との間に「感覚の共振」ということが起きるのであろう。この「感覚の共振」が音楽の共振のように振動数によるのであれば、感覚の振動数とは何かが分かれば「懐かしさ」の正体が分かるのかもしれない。こんな風に感じるのは高取正男が民俗の論理として強調する「ことよせの論法」なのかもしれない。[2] 凧であれ凧揚げであれ空に舞う姿に「ことよせて」過去や思い出を惹起させるというわけである。

この残響は一種の残骸であるが、残骸でない元の状態を丹念に描き出してくれたのは渡辺京二である。渡辺京二の『逝きし世の面影』[3]は、近代日本が失ってきたものを余すところなく描き出している。渡辺は幕末から近代初期に異邦人によって書かれた日本人の生活誌つまり言うなれば植民地主義的な野望から抑圧や強制する側であった外国人による文化人類学的な日本に関するモノグラフや紀行文を取り上げ、文明としての日本の近世を照射して抽出したものが先述した日本が失ったものなのである。当時の西欧諸国はフランス革命の初期の理想などかなぐり捨て、国外対策として帝国主義的かつ植民地主義的な眼でアジアやアフリカの世界を虎視眈々と従属させるために狙っていた。[4]欧米と言わず西欧と言ったのはアメリカ、ドイツ、日本はこの植民地獲得競争に少し遅れるからである。逆に日本の近代とは何であったのかという問いは、日本の近代が失ったものとは何かという問いの対偶にあたる問いであるがこれもまた重要である。日本の敗戦後に歴史研究を行ってきた人たちの根底にはこうした問いがあったようである。それも政治史や近代史を専門にする研究者にその思いが強いようである。最近読んだものの中でこの問いに強く答えてくれたのは三谷太一郎の『日本の近代とは何であったのか』[5]であった。日本の近代を規定してきた政党政治、資本主義、植民地帝国そして天皇制の成立史をこれほど明解に解き明かしたものはない。特に天皇制の成り立ちにヨーロッパ君主制から何を学んだのかという設問と答えは出色のものである。いずれの著作についても言えることは、ヨーロッパの歴史や文化を普遍的なものとして捉えるのではなく、相対化してみるという視点を獲得していることである。日本の近代史にしても同じで、無意識のナショナリズムやヨーロッパを普遍の尺度として捉えるのでもなく相対化していることが従来にない見方である。文明の相対主義的視点とでも言えようか。

ヨーロッパ近代を普遍的なものとしてみる見方から脱却していかなねばならないが、帝国主義や植民地主義の母体となる民主的な専制というものの出現を鋭く見抜いていたのはアレクシス・トクヴィルであり、フランス革命や独立後のアメリカ社会を過度に評価することは問題なのかもしれない。逆に明治時代初期に前近代日本が過度に遅れた社会だと自己認識したことも歴史的にはこちらも問題であったのかもしれない。欧米化とは異なる近代化への道筋をなぜ用意できなかったのか考えてみたい問題である。トクヴィルに関しても最近優れた翻訳や評論が出版されている[6]。

渡辺はB.H.チェンバレンの『日本事物誌』[7]などを取り上げながら、たとえそれが百五十年前のオリエンタリズムであると非難されようが異邦人の観察にある種の信頼をおけるのではないかということを主張の根拠にしている。そして失ったものについて「問題は個々の事象ではなく、それらの事象を関連させる意味の総体なのだ。そして文明とはそういう意味の総体的な枠組を指す以上、たとえ超高層ビルの屋上に稲荷が祀られ続けようとも、また茶の湯・生花の家元が不滅の生命を誇ろうとも、それらの事象はチェンバレンが「若き日本」と呼ぶ新たな文化複合、つまり新たな寄せ木細工の一部分として現代文明的な意味関連のうちに存在せしめられているに過ぎない。文化は生き残るが文明は死ぬ。かつて存在していた羽根つきは今も正月に見られる羽根つきではなく、かつて江戸の空に舞っていた凧は今も東京の空を舞うことのある凧とはおなじではない。それらの事物に意味を生じさせる関連、つまり寄せ木細工の表わす図柄がまったく変化しているのだ。新たな図柄の一部として組み替えられた古い断片の残存を伝統と呼ぶのは、なんとむなしい錯覚だろう」[8]と述べている。しかし、本当に江戸の空に舞う凧と今も東京の空に舞う凧は意味関連の総体という図柄の中で同じではないからといって無関係な存在なのだろうか。冒頭に蕪村の凧の句を取り上げたのは、渡辺の言う「逝きし世」は本当に現在の日本に存在しないのか我々自身が考えるべきことなのではないかという意味で掲出したわけである。

明治以降の日本が近代化する中で失ったものを単に懐古趣味的に渡辺は懐かしんでいるのではない。欧米の近代化を模倣してそれなりのキメラのような文明を築いてきた日本であるが、その近代という文明そのものが危機的な状況になっている。渡辺の著作は二〇〇五年に世に出たものであるが、その危機的な状況は二〇一一年三月十一日の福島原子力発電所の天災と人災による事故によって決定的なものとなってしまった。「新たな図柄の一部として組み替えられた古い断片の残存を伝統と呼ぶ」ことはむなしい錯覚であると渡辺が断言するのはまったくそのとおりだと思う。古い断片の中から欧米の近代化＝帝国主義・植民地主義に対抗しうる民族主義的なナショナリズムに都合のいいものだけを取り上げて伝統に仕立て上げるというなら渡辺の言うとおりであろう。これには若干の留保が必要である。おそらく古い断片のうち上記の文脈の中で都合のいいものだけを取り上げることが日本のナショナリズムの本質であろう。しかし、欧米的な近代化に総動員態勢で臨まされてきた人びとは生活のレベルでは依然として近世的な文化に歴史的民俗的な拘束をうけ、呪縛されてきたと言える。渡辺の言うように近世の文明は滅んだが、文化は意外な粘着力をもって近代の生活に流れ込んでいたと言うべきであろう。知識人が古い断片の都合のいい一部を伝統と呼んでナショナリズムの源泉にすることとは別に人びとの生活の中に断片ではなく基盤として残り、表層の欧米的な近代化という方向をもつ文化と確執・妥協・変容という変化を被りながらしぶとく長らえているのが伝承という方法で伝達されるのが民俗という文化である。この民俗とは、最初に述べたように経験したことがないにもかかわらず、それによってある種の懐かしさをかきたてられる性質をもっている。民俗に纏う過去という殻と私たちの過去への想像力との妥協の産物が懐かしさなのではないか。この民俗のもつ不可思議なものに取り憑かれた人びとの研究が民俗学なのであろう。

通常、民俗学というと身辺卑近の古くから続いてきたと思われることを、それも古ければ古いほど価値あるように賛嘆し採集する奇妙な一群の人びとのやっている学問らしきものというのが一般の認識であろう。そしてそれがせいぜい歴史学の補助学ぐらいにしか思われていないのは、こうしたことに携わる人びとがアカデミズムのディシプリンを受けていないアマチュアが多いことと、文字が席巻したようにみえる近代以降の世界にあっても、伝承という奇妙で厄介なものをあつかっているからである。ただ、歴史学の補助学といったが現在西川長夫などによる脱国民国家論の立場からの戦後歴史学への激しい批判などにみられるように日本の歴史学そのものが人文社会学の王道なども安穏としていられる状況ではないので、民俗学もまたしても連動して消滅の危機にあるとも言

える。(9)

柳田国男以降の民俗学を牽引してきた福田アジオは民俗学はやっとアカデミズムの一員として認められて学問の制度の中に存在基盤をもつようになったと言っている。(10) 大学の中で民俗学を専門分野として学ぶことができるようになったことは確かである。学問の外延を制度だとすれば、学問の内包としての民俗学の内実は相変わらず人類学や歴史学など比較的近い外部からの「好意の侮蔑」と民俗学内部からの「謙遜なる無責任」という中途半端な状態は続いているように思う。民俗学のアカデミズム化とは結局のところジャーゴンの飛び交う民俗学のガラパゴス化に過ぎなかったのではないかというのが内部からみた最も鋭い民俗学批判であろう。欧米の理論や学説の紹介をあたかも自立した学問かのごとく錯覚して自らの理論や学説も提起できない文化人類学と同じ陥穽にはまろうとしているのが民俗学とも言えよう。少なくとも柳田国男はヨーロッパの学問も自家薬籠中のものにして独自の思想をうちたてたのであるが、柳田国男が嘆いた民俗学の有り様つまり倒錯した自負と自信がいつの日にか自立して確固たる自負と自信に変わるのであろうか。

私は民俗学の本当のおもしろさは融通無碍であり自由自在なところだと思っている。民俗学を学問の制度の中で対象や方法において他分野とどこで線引きをして固有の分野を確定しようとすることは実につまらないことだと思う。よく人は「それは民俗学の問題ですね」とか「それは歴史学の問題ですね」などという、それこそ倒錯した返事が返ってくることがある。問題は「何が解きたいことか」であり「それはどのように解けるのか」ということが学問なのであり前者は問題発見型の学問であり後者は問題解決型の学問に関することだと言える。学問の分野によって問題発見の種類が異なるのではない。こうした問題設定をするかぎり学問領域に境界などない。

現在ではかなり批判される仮説になっているが、日本の文化起源論の一つに一世を風靡した照葉樹林文化論があった。私自身も論旨にはかなり否定的であるが、ここで言いたいことはその賛否の問題ではない。この照葉樹林文化論は唱道した中尾佐助や佐々木高明などの研究方法を取り上げてみたいのである。中尾は栽培植物学を専攻する研究者であり、佐々木は文化地理学という専門領域の研究者であった。しかし、彼らが照葉樹林文化論を提唱したときには考古学、歴史学、人類学（自然人類学と文化人類学）、言語地理学、民俗学、文化地理学、栽培植物学、遺伝学、生態学などと問題を発見するため、あるいは解くために使える学問はすべて使うという学問の越境を前提とした方法を採用していた。およそ文化や歴史に関する解きたい問題というのは、どの分野からアプローチしてもあるいはどの分野のものも採用して一向に構わないのではないか。私は照葉樹林文化論はむしろこうした問題発見の方法についての貢献の方が大きな意味があったと思っている。文化や文明についての問題発見型の研究と問題解決型の研究という分け方や命名は実は佐々木高明の提起であったと聞いている。

率直に言えば私自身は民俗学という学問のディシプリンは受けたことがない。しかし私が民俗学を志向したときはディシプリンを受ける体制は福田アジオによればできあがっていた。私たちが現在の内実としての民俗学やその外在的なあり方であるアカデミズム内における民俗学の体制のつまらなさを見せつけられるとむしろアカデミズムによるディシプリンなど受けない方がいいのではないかというほど現在の民俗学は総体として何も創造しないという意味で悲惨である。

民俗学の対象や方法についてはもう少し詳しく後述するが、話を元に戻そう。人間の文化や歴史に関する学問を整理して「引き出し」に入れていくとすれば、政治学や社会学、経済学や歴史学いろいろあるが、通常これらの個別の学問はそれぞれ固有の「引き出し」をもっている。最近では一つの「引き出し」に整理された文化人類学などがあるが、私は「人間とは何か」あるいは「人間の歴史と文化とは何か」という課題を解く学問を人間学あるいは人類学と言うなら、この総合的な人間学や人類学からすべての「引き出し」に入っている学問を引き算したその残余が民俗学ではないかと思っている。整理しても仕切れない雑多なものを入れる引き出しは「雑」という見出しをつけられる。民俗学は「雑」の引き出しに入っているものを扱うということで一向に構わないのではないだろうか。それは、整理された「引き出し」をいくら引っかき回しても一向に「人間とは何か」あるいは「人間の文化や歴史」を理解した気になれないからである。そうであればこの「雑」にこそこれらの問題を解く鍵が入っていると考えるべきである。そして複雑怪奇な現代史は現在進行形なので、この「雑」の引き出しの中味はどんどん増えていくという性質がある。それならなおさら現代的な課題を解きたいと思うならこの「雑」の中味の一つである民俗学は必要不可欠な領域ということになる。

この「雑」の引き出しに入っているものの中に伝承という衣装をまとった厄介なものがある、と同時に魅力的なものでもある。この伝承というのは近代の教育制度以外の場で伝達されてきた文化を指すので、通常日本人ならご飯を食べるとき箸を使うとか、不同意を愛想笑いですますとかの仕草など数え上げたらきりがないほど生活の中にある、何気なく行っている行動や考え方である。この中には何故か分からないけれども奇妙なものから古そうな、そして型式性を備えた、民俗学者にとっては美しくみえる衣装の端切れがある。今までの民俗学というのがこうしたものだけを扱ってきた故に、奇妙な人間たちと思われるのであろう。そうした伝承を私は伝承の欠片と言っている。実際の伝承的な文化というのは膨大であり広大な領域に存在していて、我々の生活の中で占める割合は教育制度で教えられた量や領域に匹敵するかもしれない。

ここで伝承というものを寺子屋や近代の教育制度の文字から得られる知識や感性以外のすべての非文字的な文化一般と捉えるとどうなるであろうか。もちろん伝承が観察可能になるためには、こうした人びとの集合的意識の知識や感性が、民俗として外化して一定の形式を備えた行為にならなければならない。しかし、外化の形態は様々であり、いつもお祭りや儀礼のような形式をとるとは限らない。そこには身のこなしから態度・躾などの身体技法（人の自然性に依拠するが文化によって創りあげられるもの）、技能や社会組織や人間関係（人と人あるいは人と社会の関係の中で自生的にできあがるもの）、自然認識や民俗分類（人と自然あるいは環境との関係の中で自生的にできあがるもの）などいたるところに伝承的文化が展開している。

伝承をこんな風に考えると、伝承すなわち「伝え承る」文化の多様性と粘着力はにわかに豊かな相貌を帯びてくる。この伝承というものは、いわゆる伝統的という言葉で括られる文化の意味内容とは異なっていることは注意しておかねばならない。伝統とは、日本が明治維新以降押し寄せてくる西洋近代に拮抗するため伝承的文化の中から恣意的に引き出され、西欧近代に対峙すべく創りあげられていった思想や行為である。むしろ西欧近代によって鍛えげられてきた保守的で愛国的な知識人の思想や行為なのではないかとさえ思う。

さて、ここで民俗学の対象領域について筆者の考えを述べてみたい。それはかろうじて伝承されているような伝承の欠片だけを扱うことが民俗学とすればそうした民俗学とは決別すべきで、むしろそうした民俗学は放棄すべきであろう。対象領域のことで民俗学では問題となるのが「あつかう時代」のことである。それが章題にもある「民俗学的現在」ということであり、ここで言う現在というのはご飯を箸で食べる習慣をもつ人が、コンピュータを扱って世界の動画サイトを楽しんでいるまさに現在を指している。福田アジオも民俗学を現在学だと言っているけれども、私の言う民俗学とは異なっている。彼は聞き書きにしろ観察にしろ現在の人びとの生活の中から近代の教育システムではないところで伝承されてきた現在のさまざまな「民俗」をとりだして、かつてあったその社会の中での機能的な連関や構造的な連関を導き出すことを民俗学だと考えている。それはやはり歴史学としての民俗学であり、それはそれで意味があるといえば意味がある。しかしこれではご飯をお箸で食べる人と動画サイトを楽しむ人との関係は分からないわけである。現在の自動車もテレビも存在し、ネット社会の中で生きる人びとが一方ではただ昔からというだけで死んだ父母を両墓制という墓制に則って送り、正月にあいかわらず雑煮を食べるといった不可思議が理解できない。これが今述べたような外形的な形式を伴う民俗のことだけなら、それほど目くじらを立てる必要はない。しかし仮に民俗というものが私たちの思考や思想まで拘束したり影響を与えるものだとしたらどうであろうか。これは由々しき問題になる。私たちは民俗学によって過去を知りたいのではない。現在の我々の有り様を知りたいのである。民俗学が教えてくれる過去は現在を知るための参照枠なのであって、それは現在にまで辿ってくることのできる過去であり、過去そのものではない。現在は過去のあるものと新しく加わったものとの常にアマルガムとして存在して、知りたいのはこのアマルガムの様態なのである。

過去を表現するのに一昔前という言葉があるが、民俗学はそこから現在までの中の伝承的文化を対象としようということである。なるほど今までの民俗学だって生きている人びとから伝承を採集してきた。しかしそれはそこに生活したり思考したりする人びとの生活空間から切り出してきて、それらの集合から一定の手続きを経て抽出されてきたものであって、その生活空間の中でのそれこそ意味や機能などは考えてこなかった。そしてその採集も現在生きている人びとの生きられた時空間にあるすべての伝承ではなく、その時その時の研究サイドの要請に応じたものだけが切り取られているのであって、その人なりムラなりの全伝承でもなければその全伝承と他の生活時空間との関係などこれぽっちも視野には入っていない。これでは伝承する生きた人間を資料とみなすことであり、歴史学における文字資料と何ら変わりがない。

ここでムラという言葉を使っているが、この言葉は民俗を担う最小の単位として福田アジオが伝承母体論を展開しているが、そのことを意味していると考えていい。この単位は、近世の支配の単位として藩政村の単位に近いものである。明治の市町村合併、昭和の市町村合併そして平成の市町村合併で大字、字、あるいは行政的上では併合などで名称は変わるが、藩政村が自然村に近かったものを利用して支配の単位にしたことを考えると、村落共同体といわれるものは形式的な側面ではこのムラがもっともそれに近いものと考えていいのだろう。[11] ただし、伝承などの民俗の単位としてのムラは、かつてあった姿とは異なっていて、むしろ設定された単位とどれほど異なったものになっているのか測定の定点的な意味の方が重要なのかもしれない。

したがって民俗を素材にして現在の文化や時代とは何かを考えるものは、まさに現在を起点として考えていくので、研究するものの時代や年齢によって扱われる時代幅というものは異なることになる。民俗学は前代と現在の関係性を問うことが本願であるが、これは研究する人が生きる時代によって異なる。柳田国男に『明治大正史世相編』[12] という名著があるが、これは柳田国男にとっての前代である近世と明治大正の世相の関係や変遷を論じたものである。柳田国男は明治八（一八七五）年生まれなので、まさに彼の前代は近世であった。しかし、私は昭和二十（一九四五）年生まれなので、私が柳田の方法をまねて世相編を書くとしたら昭和平成世相編ということになるはずである。私にとっての前代は、明治・大正・昭和ということになるからである。私よりかなり年齢が上であるが色川大吉は柳田のこの著作を意識しつつ、『昭和史世相編』(13)という同時代史を描いている。

伝承を具体的な行為として表現したり、語ったりすることは、すなわち民俗を具現する人びとの経験のことなのであるが、そういう人びとの直接的な行為や語りはせいぜい過去五十年ほど遡ることができるものであろう。そうだとすれば筆者は一九四五年生まれなので私にとって前代とは一八九五年以降の明治・大正・昭和ということになる。これは祖父母と父母の生きた時代が前代ということになる。それ以前はたとえ縄文時代からのものであろうが中世以降のものであろうが、はたまた明治時代に起源したものであろうとも、筆者の生きてきた時代に流れ込んでいるものはすべて前代となる。古い過去は新しい過去に入れ子のようになっている場合もあるし、痕跡すらなく消滅したものもある。また新しく過去のある時代に生じたものもある。民俗学にとって、この民俗学的現在と前代だけが時間的区分であり、この両者のダイナミズムの中で現在の文化を考えることが民俗学なのではないか。これが私が考える民俗学である。だから歴史民俗学のエトノス論や日本文化論の古層・深層・基層などという思考はいったん棚上げにしようということである。

もっとも基層やら深層やらの根拠の一つになる文化の起源論や伝播論というのは、鮓の起源であれ、納豆の起源であれ、はたまた将棋やチェスの起源であれ、それを探求することは知的好奇心を刺激しておもしろいものであるのだが。民俗学の中にこうした文化史的な研究は少なくない。こうした起源論とか伝播論がなぜおもしろいのか興味深い問題であるが今のところ納得できる答えはない。

現在に生きる人びとは前代からの伝承的文化を片方に、そしてもう一方に主として外から入ってくる欧米的近代という文化に対応しつつ、戦争も立憲君主制的天皇制（実際は軍国主義国家が装いとしてもったものにすぎなかった。そして戦後のアメリカの属国を隠蔽するための象徴天皇制も含む）も農地解放も高度成長も現実に体験して生きてきたわけである。戦争体験がいかに伝承的文化に影響を与え、逆に伝承的文化が戦争という経験や農地解放への意識にいかなる影響を与えてきたのか、今まで民俗学は一向に考えてこようとしなかった。もっとはっきり言えば、伝承的な民俗やその思考は戦前の軍国主義や翼賛体制とどのような関係があったのか。そして多くの人びとは戦前の翼賛的な国家に唆されて、軍人や官吏として、満洲開拓団として、植民地であったところにでかけてさまざまな経験をしてきたわけである。その経験や体験が戦後を生きる中でどのようにそれ以前のムラの経験や民俗に影響を与え変化させてきたのか民俗学は何もしてこなかった。だから、いわゆる進歩的歴史学者は戦後「身辺卑近の古くから続いてきたと思われること」を旧来の封建的慣習の遺物として撤廃を主張してきただけで、民俗学に対して創造的な議論はできなかった。つまり戦後歴史学はことのついでに古くからの慣習の研究を行う民俗学に対して思考しない保守主義のレッテルを貼ってきた。しかし、「身辺卑近の古くから続いてきた慣習や民俗」が封建的慣習とは異なるものだと気づき始めたのはつい最近のことである。それが明確になったのはベルリンの壁の崩壊、東西冷戦構造の解体、そして日本の中だけの平和の存続のせいか、むしろ伝承的文化の保存や賛美に傾いてきた。例えば環境問題などでの農村の見かけ上の自然資源の持続的利用つまりワイズ・ユースなどはその典型である。そのことをここで批判的に取り上げることはしないが、そうしたことを含めて村おこしの現場や軽薄なナショナリストの伝統賛美に安易に与しないために、そうした現場で何が起きているのか民俗学は戦後の歴史や文化全体の中で考察する必要がある。

伝承的文化がおおよそ否定的に捉えられていた時代はつい最近のことであった。しかしそれは伝統と伝承の混乱であったような気がする。そんな中にあってもこの伝承と伝統の弁別を直感的に認識していたのは、むしろ保守主義的傾向の強い民俗学者とは異なる系譜の人であった。筆者はそれを戦後の新しい詩の運動の中に発見できる。

私の好きな詩人に茨木のり子という人がいる。彼女は戦後に瓦礫となってしまった風景の中で新しい力を見事に詠った言葉の魔術師であった。私の勝手な解釈で言えば、戦前の軍国主義へ国民が総動員態勢で傾いていった無念さを「わたしが一番きれいだったとき」という詩で表現し、新しいこれからやってくるだろう共同性への思いを「六月」に託した。[14]茨木は上記の詩集の中で「〈櫂〉小史」なる小文を寄せ「その当時ですら、多くの詩が日本語の語感では書かれていないという、大いなる疑惑と不満を持っていたからである」と述べ、川崎洋と同人誌『櫂』を昭和二十八（一九五三）年に創刊した経緯を書いている。「日本語の語感」で書かれていないとは庶民、大衆、人民など表現がそれこそ困ったものであるが、人びととか普通の人にとってという意味であろう。その創刊号に掲載した二編の詩のうちの一つが「方言辞典」であった。短いものだから引用してみる。それは「暮らし続ける」力としての伝承と彼女の生きていた時代の双方を射程に入れて、それが何かを問いかけている。

よばい星　それは流れ星
いたち道　細い小径
でべそ　出歩く婦人
こもかぶり　密造酒

ちらんばらん　ちりじりばらばら

のおくり
のやすみ
つぼどん
ごろすけ

考えることばはなくて
野兎の目にうつる
光のような
風のような
つくしより素朴なことばをひろい
遠い親たちからの遺産をしらべ
よくよく眺め
貧しいたんぼをゆずられた
長男然と　灯の下で

わたしの顔はくすむけれど
炉辺にぬぎすてられた
おやじの
木綿の仕事着をみやるほどにも

おふくろのまがった背中を
どやすほどにも
一冊の方言辞典を
わたしはせつなく愛している

「方言辞典」『茨木のり子詩集』思潮社、一九六九年

戦後の瓦礫の世界で腕まくりした女の爽やかな気概を詩に詠った茨木が、それでも生まれ育った西三河の吉良町の伝承の力にどうして惹かれるのか。敗戦の体験があったゆえか、明治以降に創られた民族主義的な「伝統」と不思議な懐かしさをもつ「伝承」を弁別できているのはさすがに詩人の直感力である。敗戦の日本の中においてさえ、新しい社会を渇望しながら、伝承的なことを払拭できない詩人の詠う方言という伝承の力とはいったい何であろうか。この詩の中に表現される伝承

の力については、民俗学と関係が深いと思われるので別の詩人の詩を素材に再度本書5章でみていきたいと思っている。

こうした生活文化の中の伝承を普通の人びとが生きた現在を含めた時代の中で問い直そうというのが筆者の考える民俗学である。それは前代からの伝承、私の生きた時代である民俗学的現在に生起した伝承など、教育制度以外から伝達される文化と戦争や高度成長という国家のレベルから個人にやってきたものとの相克・融和・拒絶を考えてみたいのである。

私の生きた時代は、戦後何年という年数とまったく重なるが、民俗学の対象としてのムラの経験とムラに生きる個人の経験としての伝承と、ムラやムラに生きる個人の関わってきた戦後の体験のアマルガムをムラを通して考えることが民俗学なのではないのか。そもそも戦後の外部からやってきた農地解放ということが、ムラの共同性やムラ人の生き方にいかほどの影響を与えたのかということすら今までの民俗学は考えてこなかった。それは戦後民主主義の歴史学に代表されるような左翼による誤解や浅薄な理解であった「死滅すべき共同体としてムラ」の再検討を含むことになる。

ここでもう一つ民俗学という学問のもつ厄介な問題である伝承のもつ歴史性について考えてみた

い。ムラの民俗というのは茨木の詩にもよく現れているが、それは「よばい星」のように近世かもっとそれ以前かに、現実の生活の中にあった「よばい」というプレ・モダンの伝承を指している。そして明治以降に酒造法が酒造りを許可制にしてしまったが、中にはそれ以降にもムラ内で密造酒を作っていたところがあった。しかし、もっとも盛んに作るようになったのは日本の各地で敗戦直後のことであった。技術は明治政府の意図とは別に脈々と百年の間伝承されてきたのであろう。敗戦直後の吉良町での「密造酒作り」を表現するのに「こもかぶり」と言ったのは、おそらく税務署や警察の眼を逃れるために日常的に隠すことに由来しているのであろう。この言葉は何かからの転用であろうが、問題は「よばい」も「こもかぶり」も時代的には同居している。要するに伝承というものは時代的には層序をなしていたものが、同居という現象を起こすことを考えておかねばならないわけである。

伝承が古ければ古いほど（判定することはむつかしいが）価値あるものとした民俗学は「こもかぶり」の伝承は捨て去ってしまうだろう。ムラにいけば「炭焼き」や「拡大造林」で大儲けしたことや「赤紙」にムラがどう対応したかというような伝承は現在生きている人びとの中に沈潜している。民俗誌といわれるものに、この五十年や近接する過去の政治的な、あるいは経済的な社会的なことが排除されてしまえば、民俗学は現在に関心がないといわれても仕方がない。

進歩的歴史主義者あるいはマルクス主義的歴史学者がムラをどう誤解していたか興味深い例がある。この中に筆者の主張する「歴史」と「歴史性」の相異が見事に描き出されている。一九七二年に『小さい部落』を著した守田志郎は日本の村落を見るときの研究者側の視角の硬直性をいわゆるマルクス主義者の共同体論にみた。[15] 自らもその桎梏から解き放たれず「部落」について何事も知ることができなかったと告白している。彼はヴェラ・ザスーリチとカール・マルクスのロシア農村共同体の運命を巡る往復書簡の議論から大塚久雄の共同体論の理解を経て、結局次のようなある悲惨な結論に達する。

日本中どこを歩いても、農村であるかぎりそこには部落がある。

部落を解くてがかりは歴史学のなかにはないようでさえある。歴史によって今日の部落を考えようとした私は、その故に多くの時間を空費してきたようである。部落が、たとえどのような歴史的な存在であろうと、それを知るよすがは過去にさかのぼることではなく、現在ある部落そのものの歴史性のなかにのみ得ることができるようである。

日本における部落を、生きている化石として見る迷妄にとざされている間の私は、いくたび部落を訪れてみても、部落について何事も知ることができなかったように思う。そして、ようやく筆をとることができるようになったとき、どうやら私は農業史の研究者として自分を捨てることができたようにも思う。

上記の著書の「はしがき」から

守田はその後急逝してしまうが、マルクス主義的歴史学者のみならずムラに深い理解をもつと自認するはずの民俗学者も真摯に考えるべき指摘であろう。この五十年のムラの存在と存続を生きた化石としてしか見ないことというのは、民俗学がムラの民俗を日本文化の古層や変遷や伝播あるいは起源を知るための資料としてしか見ないことと読み替えてもいい。

例えば日本各地で戦後「密造酒」造りに躍起になっていたところは多いはずである。「密造酒」の伝承が最近起きたことで古そうでないという理由で民俗学から排除されていけば早晩民俗学の対象はすべて消えていくことは必定である。そして「密造酒」をめぐるムラの民俗の有機的関連や社会経済的なことは、今だからこそ全体像が伝承の欠片からの類推ではなく浮かび上がる。筆者はこの五十年のムラの調査で民俗学はこうした反社会的なことや戦争や差別などのことを避けてきたように思えてしかたない。伝承の欠片である残存文化から常民の歴史や文化を復権することが民俗学の使命のようになっていたのでさらに始末が悪いのである。都合の悪いことはなかったことにしたいのは何も帝国主義的で軍国主義的な日本の戦前の国家とその系譜につながる戦後の思想集団だけではないのである。

守田のムラの理解への主張は、重要なことは「ムラの歴史」ではなく「現在のムラのなかの歴史性」なのであるということである。ムラの現在の中にプレ・モダンの歴史性がどのような形で生きているのかが重要であるばかりではなく、戦地に赴いたアジア・太平洋戦争を経験した男たちの歴史がどのような形で現在のムラの中で歴史性として生きているのかといったことも重要なことだと指摘しているわけである。ムラは転成して生き続けるわけで、ムラの中に変化しない核のような不変部分があるわけではない。

私の考える民俗学的現在と歴史性とは以上のものであるが、ムラの歴史と歴史性については中々理解が得られないのではないかと思う。度々このことについて次章以下でも時々この視点に戻って具体的な事例をもとに思うところを述べてみたい。

注記

（1）藤田真一・清登典子編『蕪村全句集』おうふう、二〇〇〇年、一一九頁
（2）高取正男「土着との回路」『日本的思考の原型』平凡社ライブラリー、一九九五年
（3）渡辺京二著『逝きし世の面影』平凡社、二〇〇五年
（4）安達正勝著『物語フランス革命』中央公論新社、二〇〇八年／川北稔著『イギリス近代史講義』講談社現代新書、二〇一〇年／木畑洋一著『二〇世紀の歴史』岩波新書、二〇一四年。最近の西欧の近代が明快に理解できる手頃な著作が続々とでていることを言っておかなければならない。それも西欧の歴史学を普遍主義的に捉えるのではなく相対化していることが共通していて、相対主義的史観とでも言うべき点は興味深い。
（5）三谷太一郎著『日本の近代とは何であったのか』岩波新書、二〇一七年
（6）トクヴィル著・岩永健一郎訳『アメリカにおけるデモクラシーについて』中公クラシックス、二〇一五年／高山裕二著『トクヴィルの憂鬱』白水社、二〇一一年／富永茂樹著『トクヴィル』二〇一〇年・岩波新書／ジャック・クーネン＝ウッター著・三保元訳『トクヴィル』文庫クセジュ、二〇〇〇年／宇野重規著『トクヴィル平等と不平等の理論家』講談社選書メチエ、二〇〇七年
（7）B. H. チェンバレン著『日本事物誌』東洋文庫、一九六九年
（8）注（3）前掲書　一六頁
（9）西川長夫他編著『戦後史再考』平凡社、二〇一四年
（10）福田アジオ著『現代日本の民俗学』吉川弘文館、二〇一三年
（11）福田アジオ著『日本村落の民俗的構造』弘文堂、一九八二年／福田アジオ著『日本民俗学方法序説』弘文堂、一九八四年
（12）柳田国男著『明治大正史世相編』（『定本　柳田國男集』第二四巻、筑摩書房、一九七〇年

（13）色川大吉著『昭和史世相編』小学館ライブラリー、一九九四年
（14）二つとも詩集『見えない配達夫』所収、現代詩文庫『茨木のりこ詩集』思潮社、一九六九年
（15）守田志郎著『小さい部落』朝日新聞社、一九七二年

2章

旅と故郷

島根県美保関町軽尾のカナギ漁。日本海の岩礁地帯で夫婦でワカメをワカメ鎌で採っている。箱めがねを使ってサザエやアワビも採る。私の初めての漁村の調査であった。

私は故郷と呼ぶ場のない祖父以来の移動民である。(1) いわゆる満洲からの引揚者の第二世代なのであるが、その私が土俗と呼んだ方がいいような古い柿の木があって代々続く翠微の山麓の家の生活にどうして憧憬を抱くのか。その土地に幻想の父母もそのまた幻想の曾祖父母も生きてきたということがなぜそれほど懐かしいのか。これは解いてみたい問題であった。

私は一九七〇年代に三年半山村に生活する機会があって山村生活を知り、民俗学を志向するようになった。盆や正月に帰郷する人びとが故郷を懐かしむ姿にもしばしば遭遇した。中国山地のどこにでもありそうな一つの山村のどこに彼らを惹きつける魅力があるのか実に不思議であった。私が山村に生活していたときは、山村の人びとは逆に都市の莞爾に雪崩を打って都市へ流出していた時代であった。この経験自身が一種の異文化体験のようなものであり、どうして自分は柿の木をもたぬ家の出自なのか、どうしてあちこち移り住む移動民なのか不思議な思いが時々脳裏をかすめた。

しかし、この強烈な異文化体験も山村の人びとの自然に関する知識の圧倒的なおもしろさに惹かれてそれに関する研究に専念するようになってしまい、いつしかこの問題意識は消えていった。民俗学における望郷論とか故郷論のようなものも同じような運命を辿ったようである。ある学問の揺籃時代に胚胎、存在した重要な問題が、確立すると同時に消えていくように、この問題も民俗や土俗を研究対象として民俗学が成立し社会的に認知された途端に見失ってしまったもののようである。

民俗学は「他者理解」を通じて「自己とは何か」を知る一つの方法である。故郷論でいえば、異郷は他者であり故郷は自己ということになる。この他者理解の他者とは、自分とは異なる世界に生きる人びとという意味であり、それは生業や職業が異なっていたり、性が異なっていたり、年齢が異なっていたり、あるいは住む国が異なっていたりする普通の人びとのことである。信仰する宗教が異なっていたり、もっと厄介なものは時代が異なっていたりする人びとの場合もあるので、他者理解が可能かどうかという根源的なところで常に理解のラビリンスに入ってしまう。ベルグソンは人間はどこからやってきてどこへ行こうとしているかという問いを立てたが、「他者理解」も「人間とは何か」という問いと似ている。結局完全な「他者理解」は不可能であるが、漸近線的に「他者理解」に近づくことは可能かもしれないというのが現在の答えである。これはある意味では四十年近くこの民俗学で生きてきた悲惨な結末なのかもしれない。

「他者理解」のもっとも早い道は旅をすることであると思ってきた。旅の延長に調査したいと思っている地域での下宿生活に似たフィールドワークあるいは向こう側の立場からいえば居候という方法がある。旅の本質は何であろうか。人の生物学的特徴については、今まで色々言われてきた。生物学的名称は、ホモ・サピエンスでありその意味である賢いヒト・知恵あるヒトなどと自称してきたが、ヒトがヒトを殺すという同種同志での戦争や殺戮など他の動物種ではほとんど認められないことをするという意味ではとても賢いとはいえない。人間という種だけではなく他種を巻き込んで無意識の種の自殺行為ともいえる原水爆や原子力発電までおこなってしまい、後に引き返せないとまで思ってしまっているのは、もはや科学技術信仰としか言い様がない。こうした人間の最近のありようを思うとこのホモ・サピエンスという名称は痛烈な逆説なのではないかと思ってしまう。

それはともかく、このホモ・サピエンスは、別称としてホモ・ファーベル（モノを作るヒト）、ホモ・ルーデンス（遊ぶヒト）、ホモ・エコノミクス（経済活動をするヒト）ホモ・ポリティクス（政治するヒト）ともっともな言われ方をしてきた。ここでヒトの本源的な性質を表すこれらの言い方の中に、ホモ・モビリタス（移動するヒト）とバイオフィリア（生き物好き）という表現もある。直立二足歩行というレベルで考えるとヒトは七百万年ほどの歴史をもつらしいと最近の研究で分かってきている。このうち狩猟採集（人間の生活ということでは採集狩猟と言った方がいいようだけど）生活は、農耕生活が一万年前から始まったとすれば、99・86％は狩猟採集生活であったわけで、基本は移動生活すなわち今の言葉でいえば旅を生活の基本としていたことになる。おそらくそのときに狩猟や採集ということであれば、食べられる動物や植物を探す必要からバイオフィリア（生き物好き）

という性質はもっていなければならなかっただろう。これは旅の本質の一つである（知的）好奇心の起源になったものだと思われる。移動とそれに伴う好奇心こそ旅の本質である。

旅に知的好奇心が伴うことは、近代の民俗学成立以前の民俗学的源流としてよく引き合いに出される鈴木牧之の『秋山紀行』があるが、その中に典型的に出てくる。牧之に民俗学や人類学の研究者としての社会的野心があったわけではないので、旅の本質が素直に出ていると思われる。信越の境・秋山という山郷が平家の落人の村と言われているけど、機会あれば訪ねてみたいと思っていた鈴木牧之が、それを実現した後の文政十一（一八一八）年にこの紀行文を上梓したのである。[2]『秋山紀行』の発端は次のように始まる。

今年文政十ヲ餘り一の菊月初の八日、ふ圖能き案内あるを幸に、年頃日ごろの念晴さばやと、信越の境、秋山遊歴に笻を曳かんと思ひ立侍りぬ。
抑此秋山と云ふは、往昔平家の落人となん、人口區にして、其虚實慥ならず。
茲に武陽の舊友十返舎一九うし、一とせ予が庵葬を訪ひ、連日遠こちの茶話の端に、秋山邊地の趣をあらかじめ傳へけるに……

この話の続きは、十返舎一九は牧之に秘境秋山郷の探訪のことを頼み、その出版を約すが、一九の急逝により実現しなかったとある。ともかく「連日遠こちの茶話の端に」秋山郷の話が出ておもしろいから行ってみたらどうだということが旅のきっかけである。これも「日ごろの念晴さばや」と機会あらばと考えていたからで、平家落人の伝承のあるといわれる山奥の村をかねがね不思議に思っていた。一九に勧められてその伝承や伝説の村がどんな村なのかただそれだけの理由で確かめに行くわけである。牧之が知的好奇心に突き動かされて旅に出るわけで、他に大きな野心があるのではない。鈴木牧之の『秋山紀行』、『夜職草』、『北越雪譜』は圧倒的に旅のおもしろさや本質を伝えている。

近世という幕藩体制下では他藩に出かけたり他郷への旅などは原則的に禁止の世界ではあったが、実際には人びとの他郷への憧憬という欲望を抑制することはむつかしく伊勢参りなど名目はさまざまであるが人びとはかなり旅をしてきた。旅の反対を表す言葉は何であろうか。移動するヒトという人類史における人間のあり方を表す言葉に対立するものとしては定住という言葉がふさわしい。しかし、旅という言葉には定住という人類史にふさわしい言葉を対立するものとしてもってくるより、日本では在郷とか帰郷の原義である郷土での生活を表す言葉があればそれが対立の言葉にふさわしい。

日本の近世の庶民の世界は、基本的には「歩くこと」と「記憶すること」によって成り立っていたが、近代になると旅は旅行という言葉になり、「鉄道や船そして飛行機」が移動手段として普通のことになり、記憶することは「記録すること」に変わる。旅という言葉は日本では前近代の世界にふさわしい。(3) 近世の庶民生活は家と郷土が分離せず、家の生活はすなわち郷土での生活を意味していたとすれば家郷という言葉が旅の対概念としてふさわしい。近代になると家と郷土が近代意識の自覚によってそれぞれ分離し家と郷土が別なものとして析出してくる。そして近代の家意識の拘束には耐えられず都会に脱出するが、それと対応してする形で郷土を懐かしむというような意識は近代になって起こってくる。この意識や感覚が帰郷、望郷、故郷、在郷、離郷、異郷などの言葉を生み出し、それが旅や漂泊という行為と切っても切れない関係となって人びとの感覚を刺激する。

私の四代前の先祖は明治維新に遭遇して新しい社会や文化についていけず、四十歳で隠居してしまったと父から聞かされた。隠居した四代前の先祖から二代経た私の祖父は故郷・津和野から十五歳で歩いて神戸に出て、それから書生をしてお金を溜め、東京に出て車引きをしながら勉強するという苦学生であった。苦学しながらやっと弁護士の資格をとり開業して人並みになるという人生であった。父も祖父が移動することに抵抗がなかったように、一九三〇年代の世界大恐慌時代の就職難の中で大学を出て満洲に渡り、満洲国官吏となり敗戦を迎えた。この時代の政治や社会あるいは時代精神について父から聞いておけばよかったけれど、父は私が二十四歳の時に喉頭癌で六十四歳で死んだ。その頃の私はそうしたことに関心があまりなかった。

とまれ私たちは引揚者の両親の子どもとして引揚者二世という戦後を生きてきた。これが故郷なき移動民となった簡単な来歴である。四代前の先祖は言うなれば失職そして隠居、没落した家で育った祖父は職を求めて離郷、書生、苦学生、そして異郷での弁護士開業、父は大恐慌時代の就職難そして渡満という時代の変わり目に人生の選択を迫られたわけで、近世的世界から近代的世界への転換が必ずしも本人たちの意志に基づく移動の自由の結果によるものではないことは記憶しておいてもいい。しかし私の家族の三代に渡る変転・移動の歴史は、日本の社会の中で少数者の辿る歴史であった。

両親が私と兄を連れて満洲から引揚げたのは、一九四六（昭和二十一）年十一月であった。それから父は日本でいくつかの職場を渡り歩き父の生まれた場所とも育った場所とも関係ないところで生涯を終えた。私もこの父母と共に各地を転校生として巡り、大学・就職で父母の本来なら故郷と呼ぶべき場所とも関係なく色々転地して今に至る。父の戸籍上の故郷は島根県津和野であった。

筆者の家族の歴史の中でもっとも古い写真。津和野に残った曾祖父と曾祖母。この夫婦の長男が筆者の祖父であり、それ以降わが家族は移動民となる。

最近、父母、祖父母のことを調べる機会があったが、私たちの家族が離郷者となって移動するようになったのは、祖父の代からである。家族の歴史を日本の近代の中で問い直してみたいと思うようになった。最近、父母の残した写真の整理をしていたが、その中に最も古い写真と思われるものが出てきた。その写真には盆栽を前にした髭を生やし矍鑠とした曾祖父と、その横にいかにも前近代風の曾祖母がちょこんと座っている姿が映っている。この曾祖父は山間の小さな津和野藩の下級武士であった人である。この人の父が明治という新しい時代についていけず隠居した人なのである。この人も明治という新たな時代にもついていけず生活力がなく、祖父は離郷しなければならなかった。そのおかげで私の家族はその後三代に渡って移動を余儀なくされる人生を送ることになる。祖父も父も、家郷や故郷という土地とは無縁な生活を送り、ある意味では流浪の人生であったとも言える。私の人生もその意味では、祖父・父の生活の延長にあり、祖父の帰郷を前提としない離郷によってすべてが始まったとも言えるのである。

旅とは一時的な離郷で、それが帰郷せずに恒久的なものになってどこにも落ち着かないとなれば漂泊ということになる。離郷して定住すれば異郷に住むことになるし、そこから父母のいる場所を懐かしむのは望郷の思いである。同じ故郷をもつものが異郷で作る会が同郷の会であり、県人会などがそれにあたる。しかし、こうした離郷者の子孫は異郷での定住者であり、彼らの故郷は親の離郷先がその場所となる。

生まれ育ったところに住むことを在郷という言葉で表し、そこから別の場所に定住することを異郷（移住者）と表しておこう。在郷から異郷への移動を離郷、異郷から在郷への移動を帰郷と呼んでおき、それらの行為や行動が旅とどんな関係になるのか、近世から近代にかけて概観しておきたい。

近世の中頃、つまり蕪村の生きていた時代の日本の人口は三千万人程度[4]であったといわれる。このかなり社会の安定した幕藩体制下の中で農村・漁村に住む人の割合は圧倒的に高かったと思われる。これらの地域に住む人びとは村の在郷者である。そして次に多かったのは江戸・大坂・京の三都と各藩の中心の城下町や宿場町・港町などの町場に住む人びとで、これらの人びとは町の在郷者である。蕪村の頃には村の在郷者も町の在郷者も伊勢参りなどの名目で物見遊山の旅をしていた。[5]これは他郷への憧憬にもとづく旅だと言っていいし、近世・近代を貫いてもっとも普通の他郷（国内）・異郷（国外）への旅に連なるものである。もう一つは出稼ぎや就職あるいは一時的な離郷である杜氏や奉公、帰郷しないかもしれない覚悟の逃散や出奔などが、離郷するときの旅、あるいはそうした人たちの帰郷という旅が物見遊山の旅ではない旅の大きな潮流である。これは帰郷への憧憬と言っていいし、故郷を創出する旅だと言ってもいい。

庶民の旅には大きく二つの源流がある。他郷への憧憬と帰郷への憧憬を動機とする二つの旅である。近世では前者の歩きを基本とする物見遊山、後者は歩きを基本とする里帰りが主たるものである。近代になると前者は鉄道や船及び飛行機による観光旅行であり、後者は鉄道や飛行機による盆正月の帰郷という国民的大移動がその主たるものである。いずれも一時的なもので帰郷を前提としている。

この潮流とはまったく別に少数ではあるが帰郷を前提としない旅があった。これは旅というより漂泊といった方がふさわしいかもしれない。しかし、少数者の漂泊のイメージをもつこの旅は、近世にかなり通俗化した二つの旅以降の日本人の旅の思想に圧倒的な影響を与えた。言うなれば詩人の旅に託する思いは凡人遁世や凡人漂泊に大きな影響を与えてきた(6)。それは時々間欠泉のように地上に吹き出すが通常は地下水となって流れている旅の系譜であり、それは西行から宗祇、そして芭蕉へつながり、幕末の松浦武四郎や明治の笹森儀助と続き明治以降の若山牧水や井村井月・山頭火などを加えてもいい流れである。民俗学以前の民俗学者であった菅江真澄や鈴木牧之などもこの流れに入るであろう。

こうした人たちによって日本人における「旅人」とか「他者」の像の原型が創られていった。また同時に旅は在郷にある人びとの家郷意識つまり「故郷」という像を創り上げていった。また旅することと自体が他者理解であり、そのことを通じて異郷と郷土という像も創り上げていったのではないか。私たちが旅や他者理解について今でも影響を受け続けているのは、漂泊する旅人たちである。その源流的な人は芭蕉の旅であろう。同時に芭蕉の旅は故郷意識の源流でもある。

芭蕉の発句は存疑の句を除けば九八二句あるが、その中で「旧里」の文字があるのは一句のみである(7)。その句は「旧里や臍の緒に泣くとしの暮」であるが、臍はホゾと読むかヘソと読むか意見は分かれる。この句は貞享四（一六八七）年四十代の芭蕉円熟の時代の句である。生まれ故郷伊賀上野へ『笈の小文』の旅で帰った時の句であり、帰った時は母はすでに亡くなっていた。芭蕉の生涯を度々帰郷した離郷の旅人とみなすか、一時的な帰郷はあったにせよ漂泊的旅人と捉えるのか。しかし、どちらにせよ家と郷土が一体化していた家郷の中心に家を象徴する母の存在があることをこの句が示している。家と郷土が一体化した家郷意識の淵源を表現しているという意味では次の二句も興味深い。「里ふりて柿の木もたぬ家はなし」(8)と「祖父親《おほじおや》其子の庭や柿蜜柑」(9)の二句である。故郷をもたぬ私自身が、故郷のイメージは何かと問われるといつも何代も続く家の柿の木をもつ風景を考えるけれども、どこからやってきたのかわからぬが、案外源流はこんなところにあるのかもしれない。つまり芭蕉は見事に日本人の故郷像を創り上げている。「家が続く」象徴としての「柿木」そして「雑木山の翠微の家屋敷」の生活こそが帰去来の場であった。

旅という他郷や異郷を認識する方法は、実は旅することによって生まれ育ったところを再認識し故郷を再発見することでもある。旅によって故郷は創り上げられるので、故郷や原風景などは旅の反転像であり、旅の原型像を反転すれば故郷の原型像が浮かび上がってくるわけである。異国を旅することは生まれ育った日本を意識すると意識しないにかかわらず日本を再認識することであり、日本文化を再発見することである。従って、異文化への旅の反転像が、自己認識としての日本文化であるとも言える。このことは海外旅行で日本人がよく口にすることである。

望郷を心に秘める旅人が故郷像を創り上げるというなら蕪村を取り上げないわけにはいかない。蕪村は大河・淀川のほとり毛馬を十代に出郷してから生涯一度も帰郷したことがないと言われる。当時の淀川下流域は、商品作物の棉と菜の花の栽培が盛んで、田植え前で水嵩が増して滔々と流れる淀川周辺は一面の菜の花畑であったと思われる。近世中期のこの俳画聖・蕪村は近世の終わり頃には忘れ去られていたが、正岡子規などに写実・写生という視点から再評価された。また近代詩の代表的な詩人の一人萩原朔太郎は蕪村の詩の近代性を高く評価した。朔太郎が蕪村を「郷愁の詩人」としたのは、日本の近代の初期では多くの人が、故郷を捨てなければ近代という新しい価値に置き去りにされると思っていたからである。しかし、意識はそうであっても身体の深いところで故郷を否定できない何者かがあって、朔太郎はそうした近代の意識の反転像として蕪村を「郷愁の詩人」として措定したのではないだろうか。蕪村には、故郷に帰郷したことがないにもかかわらず望郷の句が数句あるので挙げておきたい。蕪村の句はすべて藤田真一・清登典子『蕪村全句集』[10]による。

故さとの座頭に逢ふや角力取

故郷や酒はあしくとそばの花

古郷に一夜は更るふとんかな
花いばら故郷の路に似たる哉

いずれも郷愁の詩人、望郷の詩人にふさわしい句である。蕪村には名詩「春風馬堤曲」という俳諧以外にも郷愁の優れた詩がある。「春風馬堤曲」の最後の三節は、彼の故郷観を見事に表現している。

故郷春深し行々て又行々
楊柳長堤道漸くくだれり
矯首はじめて見る故国の家
黄昏戸による白髪の人
弟を抱き我を待つ　春また春
君見ずや故人太祇が句
藪入の寝るやひとりの親の側

蕪村の句や詩は「遅き日のつもりて遠き昔かな」のように激しい望郷の念をもつけれども、事情があって出郷した故郷には帰れない心情が背後にある。その意味では帰郷や予期せぬ帰郷（近代の挫折や青春の蹉跌）などとは基本的に異なった漂泊者の望郷であり郷愁である。蕪村がどのような故郷の形姿を思い描いていたのかということから言うと、毛馬にあった家のイメージとは若干異なるのかもしれない。それは芭蕉の句である「里ふりて柿の木もたぬ家はなし」を意識していると思われる「家ふりて幟見せたる翠微哉」の句に現れる翠微の家こそ蕪村の仮想の家郷のイメージなのではないか。蕪村の故郷・毛間は淀川の水郷地帯で翠微の家のイメージではない。次に述べる朔太郎などの近代の望郷や郷愁の感覚とはどの点が異なっているのかみていきたい。

正岡子規は紋切り型に陥った俳諧や和歌の世界の革新を図ったが、同時に故郷に対しては私には理解できない愛郷心の感覚をもった人でもあった。故郷観という意味では彼はきわめて紋切り型であった。彼は本人の意思による移動により近世的世界から近代的世界に飛翔した人である。自らの意志による近世的世界から近代的世界への精神と移動の自由の先端を走った人であろう。こうした向都離村のマジョリティの人びとの先導者であった正岡子規が故郷に対しては望郷への想いを語るのは意外である。彼のエッセー「故郷」の中で「世に故郷程こひしきはあらじ。花にも月にも喜びにも悲しみにも先ず思ひ出でらるゝは故郷なり。故郷は学問を窮め見聞を広くするの地にあらずされども故郷に帰りたし。故郷は事業を起し富貴を得るの地にあらずされども故郷には住みたし」(11)と述べている。この感覚ほど私には理解できないものはないのであるが、しかし、これは逆に多くの日本人に受容される感覚なのであろう。この文章は子規の生地が松山であることを誇りにしている人の句の評釈に教えられた。この句は「子規ありし日の花野なりわが生地」（豊田晃）であるが、これは在郷の人が出郷して成功した人に対する普通の感覚であろう。

正岡子規の故郷観は村上護『きょうの一句 ―名句・秀句365日―』で知ったが、同じ著作の中に故郷を詠んだ句で興味深いものがある。それは「ふるさとは捨てるものなり春怒濤」（佐藤文子）という句であるが、村上は「室生犀星の『抒情小曲集』の中にある詩〈ふるさとは遠きにありて思ふもの／そして悲しくうたふもの／……〉が有名だが、これは男の哀愁か。これと比較して現代女性の心意気には今昔の感がある」と評釈している。村上護の俳句の評釈は大変すぐれているけれども、この句に関しては異論がある。

後述するけれども民俗学者の故・坪井洋文は、故郷観についておもしろい考えを筆者に披露したことがある。現在のように結婚した男女が独立居住婚の形態をとるのは普通だけれど、少し前までの結婚は基本的に父方（夫方）居住婚であり、直系的拡大家族で三世代が同居する家に女性が嫁ぐことが多かった。こうした場合の女性は故郷である実家から離れて住むことになり、故郷を捨てることは普通のことで、離郷して懐かしむのは男だけである。女性は中世以来故郷は捨てるものとして生きてきたのが日本の女性であったと言っていた。そうするとこの句の心情は村上のいう現代女性の心意気ではなく普通のことなのではないかと思うのであるが、どうであろうか。

向都離村と帰郷・望郷は一体化していて表裏の関係なのである。子規自身も何回かの一時的帰郷はあるが、結局東京が終焉の地となった。反対に十歳で故郷・津和野を出た森鷗外は生涯一度も故郷には一時的であれ帰らなかった。これは子規とはまるで対照的な事実である。生まれ故郷である津和野への回想はあるのだが、彼の故郷観も考えるべき素材である。この回想は必ずしも望郷というものではない。森鷗外はむしろ日本の中で擬似的なヨーロッパ近代を生きた人なのではないのか。

萩原朔太郎といえば、日本の近代初期を代表する詩人である。彼の一九二五年つまり昭和直前の詩に「郷土望景詩」がある。この詩集の「出版に際して」という序に「郷土よ！　いま遠く郷土を望景すれば、万感胸に迫ってくる。かなしき郷土よ。人々は私に情なくして、いつも白い眼でにらんでゐた。単に私が無職であり、もしくは変人であるといふ理由をもつて、あわれな詩人を嘲辱し、私の背後から唾をかけた。「あそこに白痴が歩いていく。」さう言って人々が舌を出した」と書いている。少年の頃萩原は激しく郷土を憎悪するが、やがて「帰郷」という題の詩さえ書くようになる。詩集『郷土望景詩』でおもしろいと思ったのは、この人の詩には近代詩らしく、望郷や郷土を詠う時、駅、汽車、停車場と日本の近代化の初期を象徴するような事物がキーワードになっていることである。これらの言葉は望郷や郷土を喚起する装置の役割を果たしている。「歩く旅の時代」の近世では、蕪村の「春風馬堤曲」の堤がつまり道が歩くことの象徴であったが、「鉄道の旅の時代」の萩原の詩では汽車がその象徴的な道具立てである。

萩原朔太郎は「昭和四年の冬、妻と離別し二児を抱えて故郷に帰る」と前書きがあり、「帰郷」の詩を書いた。これは典型的な「帰郷を前提とした離郷者の時代」の故郷観を表現している。彼の生まれ故郷は前橋であるが、その前橋を遅れた近代と呪いながら離郷し、やがて敗北して帰郷する。前橋は近世から近代に飛翔できないけれども、朔太郎は東京が近代だと思っていた。少なくとも近代になろうとしている都市だと思っていた。朔太郎も当然前近代を引きずる生家との確執はあったのであろうが、少なくとも家と郷土は家郷として一体化してはなくて、近代になって析出した郷土つまり故郷は母とか家族を含まない。その意味では、近世の芭蕉や蕪村の故郷とは根本的に異なるものではないだろうか。

わが故郷に帰れる日

汽車は烈風の中を突き行けり
ひとり車窓に目醒むれば
汽車は闇に吠え叫び
火焔は平野を明るくせり
まだ上州の山は見えずや
夜汽車の仄暗き車燈の影に
母なき子供等は眠り泣き
ひそかに皆わが憂愁を探れるなり
嗚呼また都を逃れ来て
何所の家郷に行かむとするぞ。
過去は寂寥の谷の連なり
未来は絶望の岸に向へり。
砂礫のごとき人生かな!
われ既に勇気おとろへ

暗澹として長なへに生きるに倦みたり。
いかんぞ故郷に独り帰り
さびしくまた利根川の岸に立たんや。
汽車は曠野を走り行き
自然の荒寥たる意志の彼岸に
人の憤怒を烈しくせり。

三好達治選『萩原朔太郎詩集』岩波文庫、一九五二年

この詩は故郷を呪って離郷した人が、都市の近代に敗北して憂愁の詩人となり帰郷する姿が浮かび上がる。しかし、その心象風景にある故郷は芭蕉や蕪村のものとは異なるものである。萩原朔太郎とも深い交流のあった詩人・室生犀星も故郷を詠った詩人として忘れるわけにはいかない。彼の『抒情小曲集』は大正七（一九一八）年発行であり、犀星が十九歳から二十代前半に書いた詩集である。彼は明治二十二（一八八九）年生まれである。私生児であり実母とは生活を一緒にはしていない。彼の次の故郷の詩は人口に膾炙された有名な詩である。この詩は「その六」まで六節あるが最初の二節を取り上げる。

小景異情

その一

白魚はさびしや
そのくろき瞳はなんといふ
なんといふしをらしさぞよ
そとにひる餉をしたたむる
わがよそよそしさと
ききともなやな雀しば啼けり

その二

ふるさとは遠きにありて思ふもの
そして悲しくうたふもの
よしやうらぶれて異土の乞食となるとても
帰るところにあるまじや
ひとり都のゆふぐれに
ふるさとおもひ涙ぐむ

そのこころもて
遠きみやこにかへらばや
遠きみやこにかへらばや

福永武彦編『室生犀星詩集』新潮文庫、昭和四十三年

私はこの詩をまったく誤解していて、望郷の詩と勘違いしていた。深く詩を読むこともせず、この詩の第二節第一行の詩句に引きずられて、出郷して都会にあって苦労する人間が帰りたくとも帰ってはいけない故郷を想う心情だと解釈していた。この詩は彼が故郷・金沢にあるときに詠った詩であり、どうやら出郷の決意の詩であって、故郷賛歌の詩ではないようなのである。こんな近代に取り残された古くさい故郷にいてはいけない、早く出郷すべきであるということなのであろう、それは最後のリフレイン「遠きみやこにかへらばや」の詩句が出郷の決意を表している。(12)

朔太郎の象徴詩に対して犀星の詩は叙情詩であるが、いずれも遅れた近代の故郷について詠っている。朔太郎は故郷を呪って高崎を後にし、犀星は絶対に帰らないと決意しながら二人ともやがて故郷に帰る。犀星は一時的に故郷に住んでみるが、やがて東京を第二の故郷として最終的には離郷する。

いつも変わらない故郷ではなく、遅れた近代としての故郷を呪うのであるから、心情としては近代に遅れないで変わってほしい故郷である。犀星の詩集『いにしえ』に収められた「汽車」、「白い日」、「魚」そして「山も河も」などは一見セピア色の人と風景であるように思えるが、こうしたセピア色が望郷や郷愁を喚起するため近世を引きずる遅れた近代の故郷の否定を見えにくくしている。従って本音のところでは故郷は変化してもかまわないものとして考えられていたのではないか。

私の民俗学研究の人生において大きな影響を受けた人は人類学者・伊谷純一郎先生と考古学者・小林行雄先生の二人であるが、社会人となってから出会って影響を受けた研究者がもう一人いる。それは偶然であったが知り合った民俗学者・坪井洋文先生であった。実は「故郷論」についていつか考えてみたいと思っていたのは坪井洋文先生に「故郷の精神誌」[13]という興味深い論考があるからである。故郷像を探ることはすなわちその反転像としての旅を探ることになると述べてきたが、坪井の「故郷の精神誌」は近代日本百五十年の里程の中の百二十年ほどの位置にいる普通の日本人の故郷観を見事に示した。

旅や故郷に関わる言葉として、帰郷、離郷、在郷、同郷、異郷などの言葉があるし、文化の故郷などの表現には原型的、原風景的、原郷などの言葉が使われてきた。中国の辺境に住む少数民族であるメオ族やヤオ族などの文化を日本文化の故郷あるいは原郷などという表現をするのはこの例である。一世を風靡した照葉樹林文化論もこの側面がないわけではない。このことは照葉樹林文化論を提起した側より受容した側が、日本文化の原郷論として理解したことが問題視されるべきかもしれない。前者の表現の中の「郷」、後者の表現の中の「原」とは何か。これを固定して変化しない像と考えてきたことに対して坪井は異論を提起している。これはきわめてすぐれた論考であった。

坪井の一九八六年に発表された「故郷の精神誌」は「家庭アルバム」と「故郷」という二つのキーワードで、敗戦後の日本社会が高度経済成長期の日本社会に変化していく中で、人びとの移動なかんずく田舎から都市への移動に伴って起きた故郷、帰郷、在郷、帰郷などの当時の現代的な課題を鋭く論じた。坪井はその中で農村居住者と都市居住者の人口割合の近代での変化の中で故郷観が質的変化を起こしていることを指摘した。

田舎の離郷者にとって故郷は原風景として変わらないでほしい幻影としての風景の中にあるのか、あるいは故郷で両親と一時的に生活を共にした追憶の中にあるのか。故郷自身が残ったものによってどんどん変化させていることを奥飛騨の山村の事例を根拠に坪井は次のように主張した。つまり故郷の風景は変わるけれど、変わらない生活の象徴として家庭アルバムの存在こそが離郷者と在郷者とをつなぐ絆なのではないかと。故郷は変化するものとして人びとが認め、幻影としてあるいは追憶としての故郷は家庭アルバムに塩漬けにしてきたのではないか。むしろ故郷を遅れた近代のままに変わらない存在として固定してきたのは（そのような存在としておきたいと考えてきたのは）民俗学者を代表とする外部の人間なのではないかと坪井は見抜いていた。

この章では、芭蕉や蕪村のなどの前近代の詩人による故郷観から近代初期の萩原朔太郎や室生犀星などの故郷観をみてきた。この問題の根底にある農村人口と都市人口の割合の近代での変化の中での故郷観の変遷をまとめてみたい。坪井が故郷観が大きく変わったと考えた時期は近代の百五十年の中で次に述べる四つの時代である。

土地への緊縛を原則とした幕藩体制から人の移動が自由になった明治維新の人口はおよそ三千三百万人程度であったと言われている。この時代には、このうち農村居住者は90％と大多数の人が在郷者として生活していた（左頁図1参照）。このような状態は昭和初年くらいまで続く。旅と故郷の観点から言えば、大多数の在郷者による物見遊山の旅行と前近代から続いたわずかなわずかな人数しかいなかった漂泊者の時代といえる。名付けて言えば「在郷者と漂泊者の時代」と言ってもいい。ただし、こう言ったからといってすべてそうであるわけではなく一種の傾向である。たとえ

図1　離郷と、故郷と、旅。—何が原風景か？—

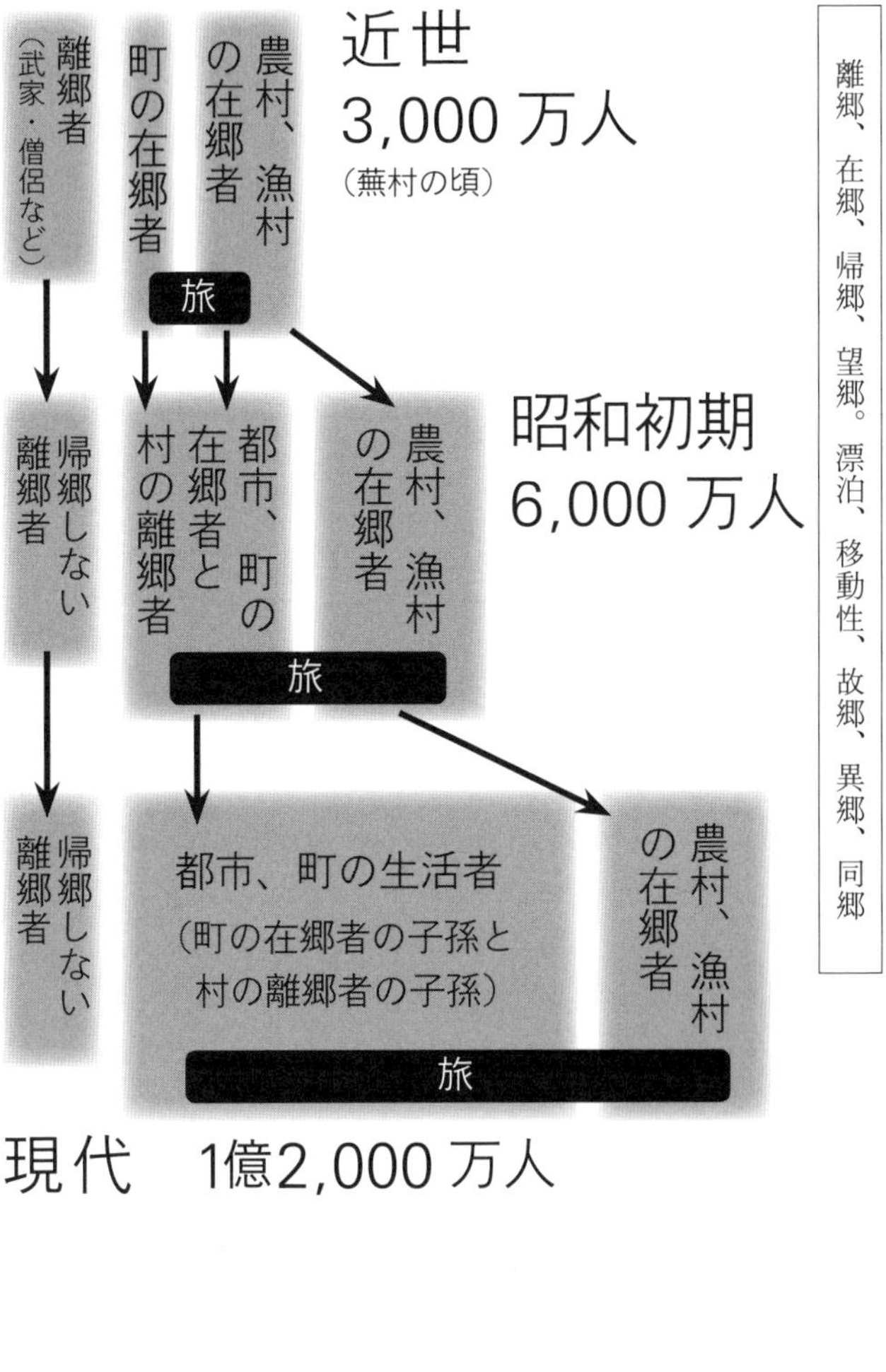

ば幕藩体制の崩壊によって武士階級の失職と行方は大きな問題であった。明治初期の細民・窮民などの移動を余儀なくされた人びとにはこれらの失職者がかなりいたことも事実であろう。私の曽祖父もその一例であることは間違いない。武士階級の中には明治維新を担った薩長土肥などの藩から多くの下級武士たちが東京にでてきて日本の初期の近代化を担ったのも事実であるが、全体からみれば少数ではなかったかと思われる。

上述の「在郷者と漂泊者の時代」は昭和初年（一九二六年）くらいまで続くが、これが昭和の初期には大きな社会変動があり農村居住者が困窮し、都市に人が移動していくことになる。そして日本社会は生産力が人口許容力を下回り、政治的経済的に遅れた帝国主義と植民地主義によって政策的に押し出される形で外地に人を移動させる。敗戦後に外地から日本に戻った人の数は約六百万人と言われている。昭和初年の人口は約六千万人であり、そのうち農村居住者は80％程度であった。この時代を「帰郷を前提とした離郷の時代」と言っていいだろう（左頁図２参照）。向都離村や故郷に錦を飾るための帰郷を前提とした離郷者の時代であるが、もちろん離郷先で事業や仕事に失敗し敗れ去って帰郷する場合もある。満洲移民などにみるように帰郷という退路を断たれた場合もあるが、心情としては帰郷を想定しているのである。朔太郎や犀星の詩の心情はこの時代にふさわしいように思える。活躍した時代は前の時代である。先に挙げた朔太郎の詩「帰郷」は昭和四年の時の

図2　旅の系譜

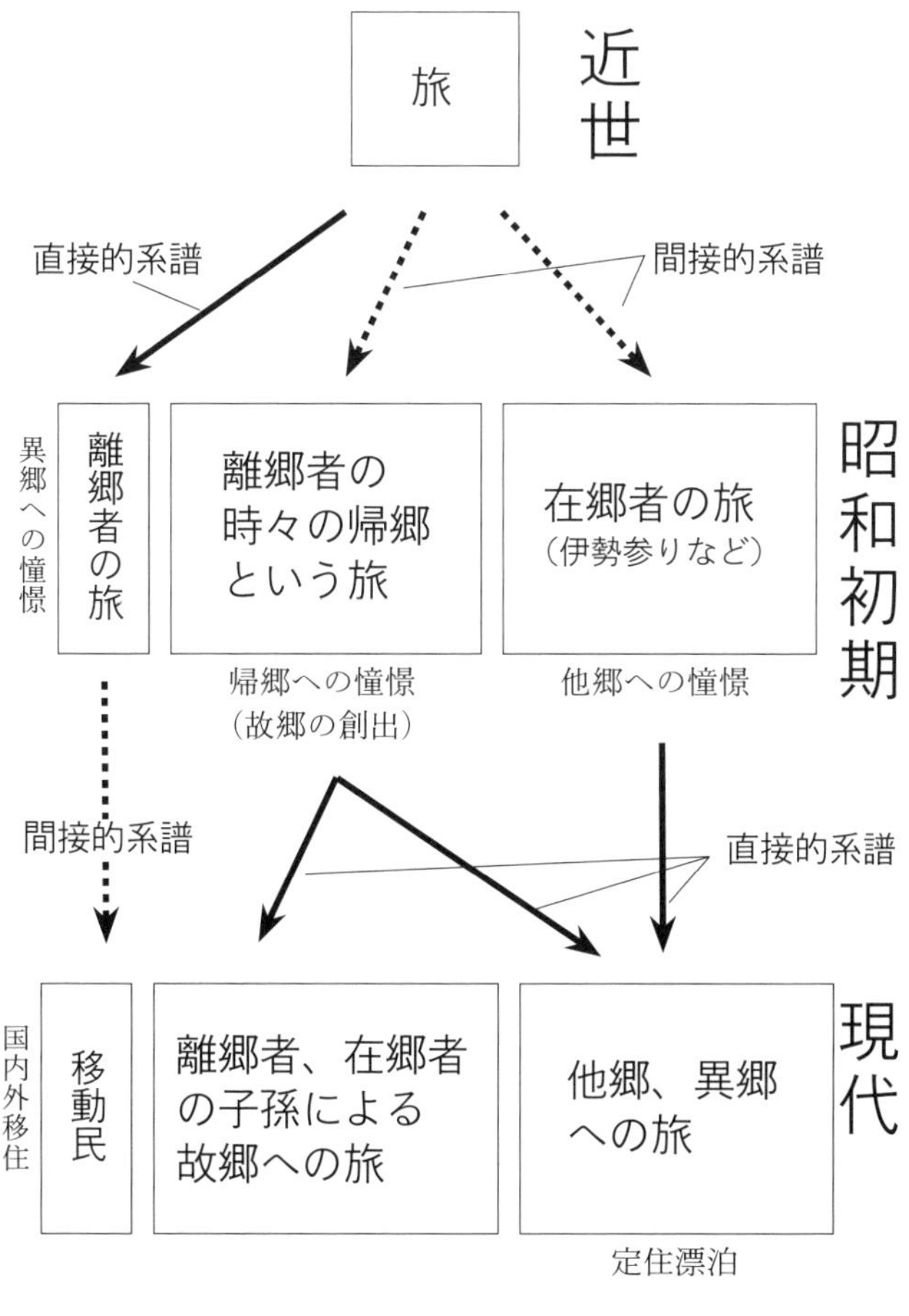

旅
近世
直接的系譜
間接的系譜
異郷への憧憬
離郷者の旅
離郷者の時々の帰郷という旅
帰郷への憧憬（故郷の創出）
在郷者の旅（伊勢参りなど）
他郷への憧憬
昭和初期
間接的系譜
直接的系譜
国内外移住
移動民
離郷者、在郷者の子孫による故郷への旅
他郷、異郷への旅
定住漂泊
現代

ものであり、犀星の「小景異情」は大正七年の『抒情小曲集』に掲載されたものである。

日本の近代百五十年の中で敗戦はやはりもっとも大きな社会変革をもたらしたことは間違いない。敗戦以前は一つの国内戦争、三つの対外戦争（日清戦争・日露戦争・アジア太平洋戦争）と遅れて帝国主義・植民地主義を採用した近代国家・日本であり、敗戦以後は世界に類のない戦争放棄を謳う憲法を有し、農地解放と財閥解体という国の経済の根幹を変革した近代国家となった。しかし、この変革が日本人の故郷観や原郷感にどのような影響を与えたのか実はよく分かっていない。重大な影響を与えただろうことは想像つくが、国家や体制側というのは過去の都合が悪かったことはなかったことにしたいという隠蔽を常に行ってきたので、こうしたことも隠蔽されてしまったところが多い。国家や体制側にとって都合のいい故郷観や原郷感は戦前から変わることなく連続しているという幻想を振りまいてきた。ましてや国家にとってもっとも都合の悪い旧植民地からの引揚者などはこの問題の論外のこととして捨て置かれてきたことなのである。敗戦による戦地や旧植民地からの引揚げは日本人の故郷観や異郷観に重大な影響を与えたと思われるが、このことはやっと最近になって問題視されるようになってきたのでありここでは未解決の問題とするしかない。[14]

次に故郷観に大きな転換をもたらしたのは高度成長期による日本社会の変貌である。昭和六十

（一九八五）年は高度成長期の終わった時期であるが人口一億二千万人のうち都市居住者は80％を越え、農村居住者は日本社会では農林漁業と軌を一にして生業従事者の減少に伴いマイナーな存在に転換した。この時代の向都離村は、もはや退路は断たれており帰郷を前提としない離郷者の時代と言えるのである。盆正月に里帰りと称する交通機関の人口大移動が話題になる時代になった。この時代は「異郷への離郷の時代」と名付けてもいいだろう。現在の日本を創り上げた大移動の時代であったことは間違いない。

そして現在はどういう時代なのであろうか。異郷への離郷の時代は金の卵ともてはやされた集団就職によって象徴される向都離村の時代である。つまり退路は断たれて都会で生涯を終えるしかない人びとが大量に田舎から都会にでた時代を経て、現在はその子孫たちが中心の時代である。彼らは親の実家は田舎にあっても、もはやそれは故郷という感覚とはかなり遠いものであろう。実態としての故郷という感覚はなく、こんなところが故郷であったらと旅をして異郷に望郷を求めているのかもしれない。

俳諧・俳句を含めて詩は時代を超えて感覚の共振を起こすものである。これは芭蕉や蕪村の故郷を詠んだ句や萩原朔太郎や室生犀星の故郷の詩に共振するものがあることで分かるのであるが、それはまた我々のような凡人遁世を願うものでも共有しているのかもしれない。故郷といえば必ずといっていいほど取り上げられるのは高野辰之作詞、尋常小学校唱歌第六学年用（大正三年・一九一四年）『故郷』である。県人会、同窓会でこれほど歌われる歌も少ない。私のように故郷なきものにとってはこの歌を聞くと違和感を感じるし、時々唱和を促されたりすると居心地の悪さを味わうのである。

うさぎ追いしかの山　こぶな釣りしかの川
夢は今もめぐりて　忘れがたき故郷

作詞者の出身は長野県下水内郡永田村（現・豊田村）で、標高一三八二メートルの斑尾山の山麓の東南の地に広がったところである。嘉田由紀子によれば、この歌詞のウサギとコブナのうち永田村は山間部故にフナはいなくてヤマメがいたという[15]。山間部のウサギ、平野部のフナによって日本全体をイメージさせた虚構であると言える。人材供給や労働力供給のための向都離村する田舎の人びとの心の支えとしての国民国家の装置としての小学校唱歌という見方をすれば、これはまた別の文脈で「帰郷を前提としない離郷者」のため国家が用意した故郷像という残酷なものとも言える。

高野の故郷の歌は国民国家への総動員として離郷を促し国家に奉仕させるけれども、帰郷できなくとも望郷や郷愁を演出することによって村ともつながっているという意識を創りだした。先に述べたように近代の詩人・萩原や室生は在郷を怨差し自覚的に離郷し、やがて都市（近代）に敗北して帰郷することと高野の歌詞にみるように離郷したくなくても出郷せざるをえない（集団就職はその典型）人びとの贖罪としての望郷・郷愁とは大きく異なっている。近世の芭蕉や蕪村の故郷像は「漂泊者の故郷像」と言えるもので、これは近代の二つの故郷像とは根本的に異なる。ただ圧倒的に多数を占める現在の都市生活者は、異郷へ離郷した人びとの子孫たちであり、彼らが幻想としての故郷像を求めたり、理想としての故郷像を新たに創造したりするのである。そして彼らの理想や憧憬の故郷像を過去の故郷像に投影することはありえることである。芭蕉や蕪村を憧憬したり模倣することで擬似的な旅人となり、仮想の故郷像を創り上げているのが現在であろう。

坪井洋文の「故郷の精神誌」という論文を引き合いに出した。彼は五十八歳で逝去したがすでに二十九年経つ。坪井の生涯については別に書いたが[16]、彼は特攻を志願した軍国少年であったけれど、お国のために死ねなかった。原爆で焦土と化した広島の故郷に帰ることになる。その彼が福山青年師範学校時代からの親友・原田美代治宛に宛てた何通かの手紙に短歌があり、その中に故郷を詠んだものがある。最近、知人から原田美代治さんも八十四歳で亡くなったと知らせがあった。下記の短歌は広島県の瀬戸内海・蒲刈島に住んでいた坪井洋文の親友・原田美代治さんを訪ねた折に見せてもらったものの一部である。

原子雲わきしといえる広島の空は明るきたそがれのとき
ふるさとの山の一日は暮れにけり落ち葉の音もひそけくなりて
故里の停車場に下り山脈の空に明るき北極星をみる
わが家に帰りつくよりたらちねは月影に出て柿もぎたまう
まつたけの香りを惜み味噌汁に故里の夜をすごさんとする
虫の声絶えて聞こえず故里の夜は冷く更けゆくばかり

この短歌の中の故里と彼の論文「故郷の精神誌」の中の故郷は、感覚の共振を起こしている。坪井にとっての原風景としての故郷は、家族の「ひそけき生活」であり「母」ではなかったのか。近代以前の家郷という家と郷土の一体化したのものとは異なり、家と郷土は完全に分離している。故里という言葉こそ使っているが、風景は家族との「ひそけき生活」の書き割りであろう。私には坪井の故郷は戦前の国民国家に絡め取られた「うさぎおいしかの山　こぶな釣りしかの川」という故郷とはどこか違うような気がしている。

それにしてもここでも家に植栽された「柿」が出てくる。明治維新で勇躍して出郷し東京に出た正岡子規が柿が好きだったのは有名である。この柿の味も故郷の味なのかとふと思う。

注記

（1）篠原徹「記憶のなかの満洲引揚者家族の精神生活誌」島村恭則編・叢書戦争が生みだす社会Ⅱ『引揚者の戦後』新曜社、二〇一三年

（2）鈴木牧之著『秋山紀行・夜職草』東洋文庫、一九七一年

（3）篠原徹「記憶する世界と歩く世界―宮本常一の旅と思想―」『現代思想』Vol・39－15、青土社、二〇一一年

（4）水本邦彦著『村―百姓たちの近世―』岩波新書、二〇一五年

（5）神崎宣武著『江戸の旅文化』岩波新書、二〇〇四年

（6）柳田国男著『山の人生』定本柳田國男集・第四巻、筑摩書房、一九六八年

（7）中村俊定校注『芭蕉俳句集』岩波文庫、一九七〇年

（8）雲英末雄・佐藤勝明訳注『芭蕉全句集』（角川学芸出版、二〇一〇年）によると芭蕉の故郷・伊賀での句会の立句。

（9）注8前掲書・評釈では「堅田集等の中七「孫の栄」が初案らしく、その前書きから堅田の兎苓（可休の息）亭を訪ねた挨拶吟として知られる」とある。

（10）藤田真一・清登典子編『蕪村全句集』おうふう、二〇〇〇年

（11）村上護著『きょうの一句―名句・秀句365日―』新潮社、二〇〇五年、二六九頁

（12）川村清志「移動する身体と故郷の物語の行方」『国立歴史民俗博物館研究報告』一九九集、一四三～一六九頁。川村はこの論文の中で「「帰るところにあるまじや」という決意が、何に起因するものかは明示されていない」としているが私は月並みな解釈であるが故郷のもつ因習であると思う。

（13）坪井洋文「故郷の精神誌」日本民俗文化体系12巻『現代と民俗―伝統と変容―』一九八六年、小学館

（14）島村恭則編『引揚者の戦後』新曜社、二〇一三年
（15）嘉田由紀子・遊磨正秀著『水辺遊びの生態学』農山漁村文化協会、二〇〇〇年
（16）「坪井洋文―米と芋をめぐる敗北の日本文化論―」福田アジオ編著『日本の民俗学者―人と学問―』神奈川大学評論ブックレット、お茶の水書房、二〇〇二年

3章

民俗語彙という不思議なもの

ヒキョウ打ち

フクロセコ

小炭焼

岡山県真庭郡湯原町栗谷は私の民俗学の原点であった。ヒキョウ打ちとはヤマカゲ（和名シナノキ）の水晒しした皮を藁に一緒に綯い込んで丈夫にすることである。フクロコセはこのヤマカゲの皮の鉈入れで山仕事に持って行く。山ではよく鍛冶用の小炭を焼いていた。

民俗学者はある意味では言葉の狩人である。その言葉とは民俗語彙と呼ばれるものである。私は現在七十二歳になるので、ほぼ半世紀のあいだ民俗学の研究者として生きてきたことになる。この五十年間のあいだほぼ一貫したテーマは人と自然の関係の民俗学的研究であった。農業や漁業あるいは林業また余業としておこなう狩猟採集など自然と対峙して自然の資源をエネルギーとして捉え、それを人間の側に移行させる生業を主たる研究対象としてきた。この場合の自然はほとんど生物的世界であるので、人と生物的世界のつきあい方の研究と言ってもいい。

日本列島は花綵列島といわれていて南北に長いので、地域によってフローラとファウナは異なる。つまりつきあってきた植物は野生であれ栽培であれ地域によって大きく異なる。各地域の動植物はそれぞれ固有の名前をもっているので、その地域の人と自然の関係を知りたいと思えば当然植物や動物の名前を知ることから始まる。通常、その地域固有の動物や植物は方言名をもっているが、これも広義の意味では民俗語彙である。

私の民俗学の出発は岡山県真庭郡川上村という山村に暮らしたことから始まったが、当地にマツボリという言葉がある。それから派生してマツボリカゼ、マツボリゴなどという言葉もある。マツボリとは「女のへそくり」と当地の人は説明するのであるが、当初聞いたときはいったい何のことなのかと思った。昔は山村の女性が自分の自由にできる駄賃稼ぎの仕事は決まっていて、そういうときのお金を貯めていたものだそうだけど、それをマツボリと言っていた。こうした「女のへそくり」は予想外の時に役立つもので、これがマツボリという語彙が存在した理由であろう。この予想外という意味の敷衍が予想外のときに吹く風ということでマツボリカゼ、予想外の形で生まれる私生児をマツボリゴと言ったのであろう。「ありゃ、マツボリゴよ」と言ったときの意味内容は必ずしも差別的かどうかは判定できないむつかしい問題である。こうした言葉を生み出す社会が女性の労働や不意の天候変化や私生児をどのように見ていたのかということも含めて、民俗語彙というもののはきわめて興味深いものである。私生児という言葉のもつ差別的な意味や今や死語に近いことを承知した上でのことであることを言うまでもない。

生活に利用する野生植物は地域によって種類も異なるし、利用の方法も異なりその地域の自然との関係を探る上では重要なことである。現在のように近代化する以前の農業は、農機具など農業の機械化や肥料など農業の化学化から遠いものであった。最終的に原発事故を引き起こす科学技術の主導による近代化が唯一無二の近代化の方法であるかどうかという根源的な問いはひとまず棚上げにするとすれば、近代化できなかった部分は農村のまわりの自然つまり今よく言われるところの里山を犠牲林と言われるくらい酷使してかろうじて生産性を上げてきたのである。もちろん限界はあるので周囲の里山はやせ細り荒廃していった。

私が民俗学として農山漁村の調査をしてきた二十世紀後半は、かなり辺鄙な山村においても農業技術の近代化が進み、周囲の里山が犠牲林として使われなくなった時代である。日本の近世から近代にかけて山が禿げ山に化していった進行がやっとストップしたのである。[1]もっとも食糧生産に関わる森林伐採や利用は海外特に第三世界に移転したにすぎず地球レベルでみれば、日本が近代化し高度資本主義化すればするほど、場所と規模を変えた日本外部の環境問題はさらに深刻化したといえる。

それはともかく周囲の自然環境を生活のため犠牲林にしてきた自然利用の知識は精緻なものであった。その野生植物利用などに見られる植物の命名、利用体系などから当該地域の自然観などが抽出できるのではないかとエスノボタニーなどの研究が盛んに行われた。マツボリという語彙が、マツボリカゼやマツボリゴを派生させることは、その地域の固有の語彙は言葉の連想による喚起力があることを示している。マツボリの意味する内包を豊かにして、その外延を広げる作用があると言える。従って、外部から単にマツボリの意味を「女のへそくり」と知ったとしても、この語のもつ連想作用の先までは到底知り得ない。民俗語彙の重要性はこの連想作用の先にある相似や相同のものを引き出してくることにあり、それが社会の見方や自然の見方を図らずも表現することになるからである。

野生植物の地域での名称をふつう方言という言い方をするが、それは妙なことである。植物名は、その地域で食べ物であったり、用材として使われたりするため命名されてきたものである。生活するというレベルでは、日本の全体で通用しないとか国際的に通用しないなどは、植物学という科学の問題でしかない。方言などと同じように一段低く見ることを含意させることの方がむしろ問題である。これは異国の調査を念頭においてみればもっと明らかになる。私自身の例をあげれば、私がエチオピアのコンソ社会の研究をするのに辞書も何もなかったけれども、当該社会に入って一からコンソ語を学ばなければ他者理解の出発にさえならない。私にとってはコンソ語は言うなれば植物方言と同じ位相の問題である。通常、日本の中であれば、ある地域の植物の名前が和名として登録され、国際的には学名というラテン表記を与えられる。それはそれで科学としての植物学では当然のことであるが、民俗学の領域ではむしろ地域の名前こそが重要である。

私はその意味である植物のその地域の名称を方言名とは記述せずに地域名という意味で方名と表現している。方言名に地域への差別観が含意されることと、地域の人びとによる植物の利用の発見について敬意を表したいからである。そして、その地域に生きる人びとの記憶にある時代の野生植物のすべての名称と利用方法を抽出することによって、その地域の人びとがいかに自然と関わって生活してきたのかが分かる。植物学者のみならず民俗学者など地域の外からやってくるものは和名も方名の両者を知る必要があるのは当然のことである。それはその地域の文化を知るという意味では方名を、外部と比較するという意味では和名やラテン名が要請されるからである。

個別の民俗語彙にきわめて興味深い事例が存在するからといって、それだけを取り上げてその地域の過去の自然とのつきあい方を勝手に創り上げるのは問題である。確かに植物の地域の名称には卓抜な比喩を感じるものや植物利用の発生・起源・伝播に関心を向かわせるものがある。私が今まで色々な地域で植物利用の体系的なシステムを調査してきた中で、そのような事例をあげてみよう。

まず卓抜な比喩であるが、岡山県の南部の鴨方町で植物利用の調査をしていたとき、アケビをネコンヘドということを知った。アケビはミツバアケビもゴヨウアケビももっとも普通のアケビもすべてネコンヘドで区別はしていなかった。方名の意味は猫の反吐ということはすぐわかるが、これはアケビの実が割れて白い果肉の中に種子が点々と入って姿を想像すると、これを猫の反吐という名称を与えたのが過去の子どもか誰か分からないがあまりにその比喩の卓抜さに脱帽する。

今一つは、高知県宿毛市の沖島に調査に行って採集したクワ科ハリグワ属のカガッガユの方名である。これを沖島ではコウジロウゴロシノバンジロウナカセという島の人に聞いたときは驚いた。私が調査した中ではもっとも長い方名の植物である。図鑑では「中国では樹皮から紙をつくり、材は黄色の染料、葉で蚕を養い、果実を食い、酒をつくり、根を薬に入れる」(2)とあり、昔はすこぶる有用な植物であった。

しかし当地ではそのいずれにも該当せず、島の常緑広葉樹樹林の中に藤本化した木を時々見かける程度である。そして枝に鋭い棘があり、厄介な嫌われものである。このとんでもない名称にはきっと物語があったにちがいないが、それは伝承されていない。古い時代には図鑑が述べるような有用性があり、村人によって採取されていたことがあったのかもしれない。その有用性故に採取するとき棘が邪魔でこんな名称を生むような物語がついたのかもしれない。しかし、想像はここまでである。民俗語彙の怖さは、その魅力故に想像をありもしない世界に飛翔させてしまうことがしばしばあるからである。

沖縄県の八重山では妻を指すのに現在でも「トゥジ」という言葉が使われる。この言葉が、日本本土の中世で使われていた「刀自」や酒造りの技術者・杜氏と関連があると指摘されている。古くは酒を管理していたのは家の主人の妻であったが、やがて酒造りは専業化し、その技術者を杜氏と言うようになったというのは柳田国男の指摘である。これはこれでたいへんおもしろい指摘であるが、中世的な言葉が残っているからといって、現在の八重山の夫と妻の関係性が中世的などとは言えないことは当然である。言葉の狩人の危険性はこの先である。このわずかな言葉の採集から言葉のもつ飛翔範囲を越えていつの時代かもしれない古い時代に思考が及ぶ。民俗語彙と民俗学者の想像力との不幸な出会いと言ってよい。遙か彼方のありもしない神々とともに生きた空想の「聖なる常民」など存在するとは思えないし、私たちが現実に接する生活者としての漁師や農民とは天地の差があるだろうし、逆に彼らにとってはそうした神々と生きた空想の常民など迷惑千万な存在である。

しかし研究者のまなざしはすでに空想の常民に魅入られているので眼前の漁師や農民など対象外の存在であろうから痛痒を感じないであろう。民俗語彙が、「古典の理解に役立つ」という文学上のことや、「常民に聖性を付与する」という思想上の問題にアクセサリーのように使われる。民俗学者はある意味では言葉の狩人であると言ったのは上述のようなことを指している。これが私がつきあってきた民俗学という世界の現在でのもっとも適切な表現であるように思える。民俗学は「生活の古典」を探る学問とはよく言ったもので、こうした民俗語彙を身につけた人でなければ、つまり昔をよく知っている故老しか相手にしない民俗学が圧倒的に主流なのは現在でも変わらない。

しかし民俗語彙収集を鼓舞してきた柳田国男の民俗語彙への期待は「古典の理解に役立つ」ことでも「遙か昔の常民に聖性を付与する」ことでもなかった。民俗語彙への期待とは「日本人の生活がどんな風に時代とともに発達改良し、また同時にどのくらいの程度に昔のものを保存しておったかを見るためには、どうしてもその言葉を以て田舎に住む人々の、生活変遷を部門別に跡づけるようにしなければなりません」ということであり、「生活の古典」という理解とはほど遠いものであった。(3)

民俗語彙は生活変遷を見るための測定のための語彙であり、柳田の関心は人々の生活史を前提とした現在学としての生活誌なのであった。ところが柳田以降の民俗学者は、民俗語彙の使い方は「生活の古典」の素材であり、どこまでも関心は過去であり、「時代とともに発達改良」という考えとは無縁である。ただ柳田国男の思想には韜晦なところがあり、「生活の古典」としての民俗語彙の使い方を示唆するところはいくらでもあるから厄介なのである。柳田国男の弟子筋の一系譜である大塚民俗学会の編になる『日本民俗事典』(4)の「民俗語彙」では「古い時代の方言を伴う民俗には、内容的にも古来のものが多いということがある」けれども、「民俗学上肝要なのは、その言葉の意味内容としての実態である」とまことに歯切れの悪い解釈なのである。「生活の古典」や「常民に聖性を付与する」などの恣意性だけは避けるべきであることは確かである。こうした民俗語彙を支えている現実の現在の生活や歴史性あるいは地域性との関連を考えずして、民俗語彙を古典世界に遊ばせるのは不毛であるというより一種の捏造である。古い言葉には「内容的にも古来のものが多い」という保証はどこにも存在しないにもかかわらず、幻想的な民俗を捏ねあげることは問題である。

さらに問題なのは、今日こんなに情報の伝達が発達しているのであるから、民俗語彙の恣意的な使い方が許されるのなら、ある程度素養があればわざわざフィールドワークというごたいそうな外来語をいただいて出かけなくてもインターネットによる情報収集で事足りる。古典の残存としての村の儀礼芸能なら村の人に撮ってもらったビデオで十分であろう。それでも民俗学にフィールドワークが必要であるというのはなぜであろうか。

私は対象が国内であれ国外であれ民俗学には「伝承的文化の翻訳」である側面をもっているのは事実であると思う。ただし、その翻訳はその語彙を過去のある時代や地域の中での文脈上で翻訳することではなく、どこまでの現在の生活とそれと関連する直近の過去の生活の中で位置づけることである。「他者」を理解する一つの方法である民俗学が、しばしば「他者」をダシにして自らの貧相な思想や幻想を語ることに堕落してきたのは、対象との真摯な格闘を避けてきたからにちがいない。翻訳するにはその地域の生活を知らなければ、民俗語彙の意味などわかりはしない。仮にその地域の生活をかなり知ったとしても、語彙の微妙で奥深い意味は理解できないかもしれないのだ。

ここで言う「他者」とは自らと異なるという意味で様々な範疇の人が考えられる。農民であったり漁民であったり山村民というカテゴリーである場合もあろう。津軽の人や沖縄の人という地域的な分類の場合もある。あるいは暴走族や刑務所暮らしをしたことのある人という範疇だってかまわない。その時、これらの人びとの現在の民俗的文化を理解する「とっかかり」になるのが民俗語彙である。しかし、暴走族が使っている彼らの固有の隠語を聞き出して、その意味内容を仮に理解したとしても、おそらく暴走族の文化は分からないであろう。刑務所や暴走族など違法性の高い集団では、彼らの生活を通じて語彙を理解するのはむつかしい。しかし、香具師の生活と民俗や刺青をする若い人の文化の研究などは、こうしたことを突破して彼らの心情にまで肉薄している研究もある[5]。日本の選挙が如何に地域の民俗に拘束されているかを見事に摘出してみせた民俗学者もいる[6]。こうした優れた研究はすべてフィールドワークをおこなって、民俗語彙のみならず固有の行動や思考を対象としてきた人びとの生活の中での意味を探っている。

民俗学は聞き書きを中心とした学問だと言われているが、私は聞き書きと観察の共振こそが民俗学の核心だと思っている。柳田国男の名著とされる『北小浦民俗誌』という佐渡の小さな漁村を描いたモノグラフがある。柳田がここを調査もせず訪れることもなく、このモノグラフを描いたことでも有名である。まるで古典的な人類学者のフレイザーが自分では現地に調査に行くこともなく旅行記や貿易商人などの報告などを使って異文化研究を行い、アーム・チェア・アンソロポロジストと言われたように、柳田のこの著作もその日本版のようなものである。

このモノグラフの根拠になったのは『沿海採集手帖・佐渡郡内海府村』（成城大学・民俗学研究所、柳田文庫にオリジナルがある）を残した倉田一郎のフィールドノートである。実は根拠でも何でもなく、柳田のモノグラフはこのフィールドノートをほとんど使わずにそれまでの柳田の知識で描いたものであり、いわば柳田国男によって仮構された歴史的民俗誌であった。これについてはすでに論じたことがあるので、これ以上は述べない(7)。ただ、こう書くといかにも柳田国男を全面的に否定しているように思われるが、そうではない。どんなすぐれた学問や研究にも時代的な限界や当時の学術的視点に歴史的な拘束があるということである。しかし、行かなくても皮肉に言えば彼の蘊蓄だけでよくこれだけのことが書けるものだと妙なところで感心する。それも海村の成立史の仮説まで提示されている。よく言われるようにこの著作は、柳田の民俗学の研究の立場である「村を研究」をするのではなく「村で研究」するということがよく分かる。どこまでも北小浦に仮託された一般的な海村の成り立ちを想定しているのである。仮構された歴史的民俗誌と表現したが、それは多くの場合は仮構ではなく仮説であるのが、柳田国男の学問の特徴である。私自身はやはり「村を研究」しなければ何も言えないと思っている。

柳田の命によって作られたこの沿海採集手帖というものはおもしろい。この時代によくこれだけの調査項目を作り上げたものだと思うのと同時に、柳田の弟子たちがよく忠実にこの項目に従って聞き書きを丹念に採ったものであると思う。この手帖は長い間一般公開されていなかったが、最近それがやっとCD化されて見ることができるようになった。倉田一郎はその中でも採集手帳にびっしりと書き込んでいて驚く。この手帖の任意の項目を見て「聞き書き」だけの情報にどのような限界があったのかを指摘しておきたい。この手帖の質問項目が一九三〇年代の柳田の関心に沿ってできたものということは念頭に置いておかねばならない。しかし、百の質問項目としてはよくできたものであり、それに沿って丹念に聞き書きを採ったものである。

聞くことが決められていることに対する疑念はとりあえずおくとして、質問項目二四は「旅立ち送り、帰郷迎へ等に何か仕来りがありますか。旅中の安穏を祈るため、カゲゼン等の仕来りがあるか」であり、倉田はこれに対して「ミヤゲザケ。旅から帰って、家で親類などをよぶ酒。旅立ちは簡単で殆ど飲食せぬ。（北小浦）」と書いている。「ミヤゲザケ」という民俗語彙と「旅から帰って、家で親類などをよぶ酒。旅立ちは簡単で殆ど飲食せぬ」という意味内容が採集されたことになる。

もちろん他の民俗語彙ではもっと長い意味内容の説明がある場合がある。しかし基本的には同じである。さてここからが問題である。この項目はこれで満足と考える人はおそらくこの語彙から伊勢詣りやミヤゲの語源などを連想し、もうその民俗語彙を語った北小浦の漁民には関心がない。これでは北小浦の旅についてはとても分かるとは思えない。

もし私が北小浦の旅に関心があれば、これをきっかけにしてまず現在の住民の旅行先がどんなところであるかを聞く。相変わらずミヤゲザケの慣習をどのくらいの人が行っているのか聞く。女の旅がいつ始まり、これにも同じことをするのかどうかとか疑問は限りなく湧いてくる。そして北小浦の「ミヤゲザケ」の当地での意味がそんな簡単に分かるとは思えない。

民俗語彙という言葉の外延と内包の関係と同じであるが、北小浦の人びとと言う「他者理解」の内包つまり意味内容を大きくしようとすれば、それこそ三泊四日の調査とか集団で項目の分担調査をして分かるようなことではない。そうだとすれば柳田の民俗誌ではなく、その素材を提供した倉田一郎の採集手帳においてすら彼の「他者理解」は皮相的な外延的調査と言わざるを得ない。「他者理解」を本当に願うのであれば、つまり意味内容を村人の理解に近づけるためには研究者はそこから中々抜け出すことはできないことになる。所詮不可能かもしれないけれども対象にどっぷり浸かってしまい、調査地から帰ってくることができなくなることだってあり得る。異文化の場合にはしばしばこういうことが起こるが、それは調査地の人間や文化があまりにも魅力的である場合が多い。それはそれで「他者理解」から出発したこういう学問の帰結が「惚れてしまいましたので」と言うのは仕方のないことである。調査地から帰還して学界に報告し業績をあげることだけを考えている昨今のこの手の学問から考えるとかえって清々しいことである。

志し半ばで急逝した私の唯一の民俗学の師匠と言っていい故・坪井洋文は民俗学者が一生つきあうフィールドはせいぜい四つか五つでいいと言ったのは民俗語彙の現地での生活の中での意味に関心がいけば必然的にそのようになる。従って、今なら採集手帖は調査の前段階の旅であり、それはどこまでも問題発見の旅なのである。民俗誌は民俗の内包つまり生活上の意味や意義にこだわる限り、旅や調査団による分担は不可能である。その方法は所詮民俗の外延つまり私はこれを民俗の殻と呼んでいるが、それをかすめ取るにすぎないことになる。

その点に関して興味深いエピソードを一つ紹介しておこう。かなり前になるが、広島県三次市の鵜匠・上岡義則さんのところで鵜飼の技術の調査をしていたときである。もうすでにお亡くなりになり、その息子さんが現在は鵜匠の跡目を継いでいる。私自身は鵜の技能がどういうプロセスを経て獲得されるのか、また鵜の管理・馴致にあたって彼らが鵜の生態や習性にどのような知識で対応しているのか知りたかった。そこでまず一週間ほどは鵜とその小屋の観察を許可してもらって見続けた。彼の給餌の方法や管理の技術も観察した。最後には民俗学お得意の「聞き書き」のため上がり込んでいろいろ訊ねた。その後、数回訪ねて観察と聞き書きを続けた。最後は上岡さんが引退するとき、上岡さんに招待され上岡さんと一緒に観光船に乗り観客の位置から鵜匠たちが何をしているのか説明を受けながら鵜飼を観賞した。

聞き書きの途中で上岡さんはフトもらしたのだが、「今まで高名な歴史家や民俗学者や俳句の吟行の連中が来て俺から話を聞いていったが、鵜を積極的にみていった奴はいないね。あんたは帰って鵜匠を始める気かい」と冗談まじりに言った。歴史学者や民俗学者がおよそ何を聞き出そうとしたのか見当はつくが、鵜小屋を一瞥するだけで何も観察しようとしないとはと思った。一週間の鵜の管理・馴致の観察でも、そこから不思議なことや疑問に思うことは山ほど出てきた。それはそうだろう、あの猛禽類の野生を馴致するのにどれだけ長い間の生業のための技能の歴史が堆積していることか。そしてその伝承的文化に彼らが新たに何を付け加えたのか。彼は戦前中国に出征していて、中国でカワウの鵜飼を見ている。中国では餌として豆腐の雪花菜を使っていて驚いたと言っていた。それで雪花菜で飼えるならと彼のウミウで試したがうまくいかなかったと言っていた。生業に関わる技術というのはこうして不断の実験を試みながら変化しているものなのである。このエピソードの核心は、伝承的文化を前にした歴史家や民俗学者が自分たちに都合のいい歴史的伝承や民俗語彙を拾って風のように立ち去り、本来その地域で現に伝承的文化を担っている人びとが考えている意味にはほとんど関心をもたないことを示していることである。

私は人が自然とどうつきあってきたかを伝承的文化の中で探ることを主題としてきた。もちろんこれは文学などの中に顕れる自然を観照する態度を考えるものではなく、農業や漁業あるいは狩猟採集活動などの生業の中で顕在化するつきあい方を見てきた。だから旅で問題を発見して、それがフィールドワークに変わることはしばしばある。

鵜匠が教えてくれた民俗語彙に「そばえる」と「かつら」という技能に関わる特異な言葉がある。上岡さんの鵜の馴致の秘訣は、雌雄にかかわらず（成鳥の雌雄の判定は外見ではむつかしい）二羽の鵜を仲良くさせて飼育・訓練することである。このことを私はペアリングと称したが、後にこの技術は中国の鵜飼や日本の各地の鵜飼では一般的にみられる普遍的な技術であることが分かった。上岡さんはこの技術を二羽を「そばえる」と表現していた。これによって流れのある川で、多数の鵜を手綱で統御できることが可能になった。そして鵜の訓練で二羽が一緒に潜ることを「かつらする」といっていたが、「かつら」できるようになれば鵜飼の鵜として一人前ということで、鵜飼漁に使えるという。「そばえる」と「かつら」という民俗語彙の背後にある鵜の管理・馴致・統御に関する伝承的文化とそれを具体的に行使する上岡さんに魅了されて、旅からフィールドワークに変わり、私の鵜飼研究がスタートした。

私自身の鵜飼研究は「鵜のこころ・鵜匠のこころ」(8)にまとめたが、その後日本におけるもう一つの鵜飼である徒歩鵜飼に興味をもった宅野幸徳さんとドメスティケーションに関心をもって中国の鵜飼を徹底的に調査した卯田宗平さんによって大きく展開した。(9)「聞き書き」だけではなく「観察」との共振による民俗学研究によってしか分かり得ない新たな地平を切り開いたと言っていいだろうと思う。

「そばえる」と「かつら」という二つの民俗語彙について若干補足しておきたい。まず「かつら」であるが、この民俗語彙は「潜く(かずく)」という言葉と似ているので、その変化かもしれない。

二羽で潜るという意味は「潜く」にはないけれども「潜る」ことでは共通している。言語学的にこうした変化が起こるのかどうかは分からない。また「かつら」が「桂女」と関連する可能性である。中世に京都桂川の鵜飼で捕獲した鮎などの魚を売り歩く女性から派生したという考えであるが、私にはこれ以上言及できない。ただ、仮に関連していても私はあまりそれ以上には関心がない。上岡さんにとっては「そばえる」や「かつら」は彼の技術上の重要な表現なのであって、古語や歴史と関連することなどどうでもいいことなのである。私は現在を「生きていく方法」としての民俗という中でこれらの言葉を考えるべきだと考えている。

「そばえる」という民俗語彙は明らかに文語であり、確かに言葉そのものは「昔のものを保存」している。広辞苑第四版で動詞「そばえる」をみると、「そばえる」とは「戯える」とあり、自動詞下一段活用の動詞で、文語とある。そして語義として「馴れて戯れる。ふざける。あまえる」となっていて、枕草子などの例文があげられている。なるほど「そばえる」がそのような文語的語義をもっていて、はからずも上岡さんがそれを伝承していたとしても、そのことから上岡さんの鵜の馴致についての技能の何が分かるというのであろうか。こうして語彙の探索は対象から限りなく乖離していくのが民俗語彙を重視する民俗学の陥穽ではないかと思う。民俗語彙とはたいへん魅力的なものである。民俗誌の記述の上ではなくてはならないものである。しかし、民俗語彙は出発点であって終点ではない。民俗語彙を採集して分かった気になってしまうと、伝承する人びとの現在の生活から限りなく遊離していくことになる。

注記

(1)千葉徳爾著『はげ山の文化』学生社、一九七三年
(2)北村四郎・村田源共著『原色日本植物図鑑』(木本編Ⅱ)保育社、一九七九年
(3)柳田国男「序」『改訂総合日本民俗語彙』第一巻、一九六五年、平凡社
(4)大塚民俗学会編『日本民俗事典』弘文堂、一九七二年
(5)厚香苗著『テキヤ稼業のフォークロア』青弓社、二〇一二年/斎藤卓志著『刺青墨譜』春風社、二〇〇五年
(6)杉本仁著『選挙の民俗誌』梟社、二〇〇七年
(7)篠原徹「世に遠い一つの小浦―『北小浦民俗誌』の解剖学―」『国立歴史民俗博物館研究報告』第二七集、一九九〇年
(8)篠原徹「鵜のこころ・鵜匠のこころ」『自然と民俗』日本エディタースクール出版部 一九九〇年
(9)宅野幸徳「高津川の放し鵜飼」『日本民具研究』日本民具学会、一九九〇年/卯田宗平『鵜飼いと現代中国』東京大学出版会、二〇一四年

4章

民俗自然誌という方法

コンソの混植栽培の畑で小麦を摘む女性（写真上）と、畑の収穫物を900メートル下の畑から山上の村まで頭上運搬する男性（写真下）

人と自然の関係についての民俗学的研究というテーマを標榜して半世紀近く歩き続けてきた。自然に対峙して自然から糧を得ることは、端的に言えば農業や漁業あるいは林業などを生業とする人びとがどのように自然とつきあって自然に関する知識や技術を彫琢してきたのかを知ることであった。日本には狩猟や採集などを主たる生業とする人びとはほとんどいないが、主要な仕事以外での楽しみでこれをおこなう人は結構多かった。ただ日本の高度成長期以降は生業としての農業や漁業あるいは林業の人口は急速に減っていき、現在ではもはやマイナーな存在になってしまった。私が歩き始めたのは一九七〇年代であったが、当時でさえ農業や漁業などにたずさわる人びとの精緻で巧みな自然知や民俗知識などを民俗自然誌として描くことは失われゆくものへの挽歌にすぎないのではないかといった思いであった。(1)

農業の機械化や化学化が今ほど進んでいない時の農村は、農業を支える様々な道具や肥料などは周辺の山野から素材を得ていた。それは一軒の農民の農業経営が近代化できなかったという意味での貧困がもっとも大きな原因であったが、周辺の山野から食物や生活用具、生産用具、燃料、肥料、建材など得るため周辺の自然に関する民俗知識は並々ならぬものがあった。儀礼や子どもの遊びにおいてもさまざまなものを利用したのであり、農業というものがいかに周辺の自然との関係で成り立っていたのかとつくづく思うのである。もちろん栽培する植物や飼養している動物に関する深い知識にも彫琢されてきた民俗技術があった。植物生態学者であった四手井綱英は農村周辺のいわゆる里山を植物の側に立てば犠牲林と表現している。[2]

歩いて、自然と対峙して生業を営む人から聞き書きをとり、人が自然とつきあっている現場で観察させてもらうという民俗自然誌の方法は、フィールドワーカーをめざした以上歩ける限り続けたいと思っている。最近歩いて知った興味深い民俗知識をこの章での話の発端として述べてみよう。

近江の伝統野菜である日野菜や赤蕪、京都の酢茎は植物分類学的にはアブラナ科アブラナ属の ***Brassica rapa*** に分類されている。『新牧野日本植物図鑑』（北隆館）では、このブラシカ属に入る野菜は、アブラナ、チョクレイハクサイ、チリメンハクサイ、カブ、スグキナ、ヒノナ、カラシナ、タカナ、キャベツ、ハボタン、カリフラワー、メキャベツと十二種類記載されている。いずれも ***Brassica rapa*** の変種や品種であり、それぞれ日本に古く中国から渡来したとされるものが多い。古く中国からの渡来というので、奈良や京都が都であった時期に奈良、京、近江など関西に最初それらは移入されたのであろう。従ってカブやスグキナ、ヒノナなどの有名な品種が近江や京にあるのは頷けることである。それにしてもスグキナもアカカブもヒノナももとは一つの種であるとはとても思えないほどの形態の差である。この変種や品種は日本に渡来してきて以来、伝えた貴顕・僧ではなくそれを育てる農民が日本の中でそれこそ実験を繰り返し品種改良を行ってきたにちがいない。品種改良が完了すれば、それは品種のレベルでその形態や性質を同じように保つ技術がなければならない。どうしてこのような品種の純系が保たれているのであろうか。これらが同一の種から分化した名残りは、十字花科とかつて呼ばれたこれらの植物の花弁の共通した十字の形態と黄色の花であることぐらいである。

ヒノナを作っている近江の地を訪ね、品種の純系がどうして保たれているかを知った。アカカブを作っているかつて焼畑をおこなっていた近江で湖北と呼ばれる伊吹山系や野坂山地にも訪ねてみて、この品種の純系の保ち方を教えてもらった。また京都のスグキの産地である上賀茂神社周辺でスグキを作っている農家の人にもスグキの純系の保ち方を教えてもらった。これがいずれも巧みな知恵であり、私が自然知と言っているものであり、並々ならぬ民間の民俗知識であることが分かった。

ヒノナの原種の保存は次のように行う。原種の種は九月に苗床に蒔き、十二月の中旬頃、苗床で育ったものの中からいいものを選抜して畑に移植する。育った根を少々切り捨て、葉も根からの出がけを残して切り捨てる。この理由はよく分からないけどこうするといい種ができるということである。

四月の初め頃、それらが花を咲かせるけれども、このとき原種保存のため興味深いことをする。ヒノナ（日野菜）の属するアブラナ科のアブラナ属の他の仲間（つまりミズナやカブラやハクサイ、カラシナなど黄色い花を咲かせる同じ属の野菜）と交配（虫媒花）を起こさせないため、集落内の畑にあるこの仲間を引き抜いてしまうそうだ。これを「雑菜引き」と言っている。他人の畑でもかまわないそうだから村の中のおもしろい約束事である。こうした知識が近代農学と元々あった民間の知識との融合なのかどうかは検討する必要があるが、いずれにしても品種の純系を保つ巧みな知恵と言える。これはスグキを栽培している京都の上賀茂神社周辺の農家でも同じようなことをしているのでこうした知識は広範囲に展開していたのであろう。

もっとおもしろい純系保存の技術がアカカブの場合である。滋賀県の湖北地方の山間部は以前アカカブの名産地であった。現在、高時川の河畔の集落・摺墨の永井さんの指導の下に焼畑を復活させようと実践的な活動しているグループがある。アフリカでボノボというチンパンジーの近縁種の調査研究で有名な黒田末寿さん（この話を聞いたときは彼は滋賀県立大学の教授であったが現在は退職している）などがその中心になっている。その縁で焼畑をかつておこなっていた永井さんに話を聞くことができた。かつて焼畑ではアカカブを作っていたけれども、永井さんが作るアカカブの品種保存の話が実に巧みな技術であった。

アカカブは夏に斜面を焼いたところにアカカブの種を植えて十一月頃収穫する。このとき引っこ抜いたアカカブの中で見事な出来のものだけを種を採るため再度焼畑に戻す。そのとき、このアカカブの下三分の一ていど切り取って、埋め戻すそうだ。どうしてかと尋ねると「浮気ができないようにする」とこれまた秀逸な比喩でもって応えてくれた。このアカカブは冬を雪の下で越して春の終わり頃花を咲かせる。しかし、他の谷の品種の違うアカカブと混じらないようにするためアカカブの下三分の一を切るのが経験的にいいそうだ。虫媒花であることはまちがいないので、多分カブの一部を切り取ると花を咲かせる時期が遅れるのではないかと推測しているが、焼畑復活の活動をしている霊長類学者・黒田末寿さんによれば、農学の研究者に実験してもらったら、花の時期が遅れることは確かなことであると結果を知らせてきたそうだ。これでは他の谷を訪れた昆虫類（ハナアブ類であろう）が永井さんの焼畑に来てもまだ花が咲いておらず、ここが咲く頃は他はもう花期を過ぎているので、結局昆虫による自家受粉になるのではないか。

これが「浮気ができないようにする」ことの意味であろうし、永井さんのアカカブの品種は純系で保存されることになる理由であろう。生物的な世界を相手にする人びとが、自ら自然を観察し実験して経験的な知識を蓄積してきていることをまざまざと知らされた話である。

こうした農業や漁業に携わる人びとが伝承していたり、あるいは自分自身が発見したり発明したりして伝承に付加して技術を深化することも含めて、人と技術と自然の関係をトータルに叙述することを私は民俗自然誌と呼んでいる。「雑菜引き」は近親交配の可能性のある野菜の除去、種採り用のカブの切除は他品種との交配の可能性を花期の遅れによって、純系保存を図っている。植物の交配という生物学的現象は近世には日本では知られていなかったので、おそらくこうした知識は近代農学が農村に普及して以後、農民自身が伝統技術と近代技術の融合を試みて編み出した技術ではないかと思われる。こうした民間の技術は日本の近代の中で数限りなく存在していると思われる。農民や漁民の生活や民俗に関心をもっていたはずの民俗学や人類学の側にこうした方面の知識がまったくなく関心も薄かったので見過ごされてきただけであろう。

人が身の回りの自然環境を利用する方法を民俗自然誌として叙述することが私の研究の主要なテーマであった。それは具体的には農業、漁業及び狩猟・採集という生業活動における技術の有り様を探ることである。最終的には自然利用の民俗を四つの類型に分類することになったが、それは「自然を生かす」技術、「自然をたわめる」技術、「自然を変える」技術そして「自然を創る」技術の四つに類型化できる技術である。この四つに類型化した民俗的な技術の具体的な例をそれぞれ一つずつ取り上げて、技術の特徴と類型化の意味を述べてみたい。「自然を生かす」技術では、ニホンミツバチの養蜂技術と蜂蜜採取を取り上げる。「自然をたわめる」技術では、鵜飼漁法を取り上げてみたい。「自然を変える」技術では生物のハビタットやニッチを変える技術つまり在来農業を取り上げてみたい。最後に「自然を創る」技術は、マテバシイの純林を造る技術を取り上げ、人間と自然の関係性を自然利用の姿から捉えることにする。

当初はこの四つの類型を別の表現で呼んでいたが、四年前に急逝してしまった人類学者・掛谷誠のサジェスチョンによって上述のように表現を変えた。「自然を生かす」という類型には「自然の原型的利用」、「自然をたわめる」は「自然の変形的利用」、「自然を変える」は「自然の改良的利用」、そして「自然を創る」は「自然の創造的利用」と表現していたが、あまりに硬い表現ではないのかというのが掛谷の指摘であった。掛谷はアフリカのタンザニアやザンビアの農耕民の人類学的研究を行ってきた。彼も人びとの自然利用については強い関心をもっていたが、タンザニアやザンビアの農耕民を視野に入れた場合でも、自然利用についてこの四つの類型化については賛意を表していた。

ニホンミツバチの養蜂は、明治時代になってセイヨウミツバチによる欧米の養蜂技術が入ってくるまで、日本各地で行われていた伝統的な技術であった。一九七〇年代の日本の養蜂ではこのセイヨウミツバチの養蜂が席巻してしまい、ニホンミツバチの伝統的な養蜂は西日本の山間部、紀伊半島の山間部、九州の山間部に部分的に行われているすぎなかった。東北地方にもあるにはあったがきわめて少ない状況であった。現在ではニホンミツバチの養蜂はブームで、もっと広い地域で行われるようになっている。しかし、私が調査していた数十年前にはもうニホンミツバチの養蜂は消えかかる寸前であった。

ニホンミツバチの伝統的な養蜂は東北地域にも残っていたが、東北地方での問題はニホンミツバチの越冬であった。飼養している養蜂群は冬にはほとんど死滅してしまい、毎年山から新たなニホンミツバチの群を獲得しなければならなかった。一九七〇年代に特にニホンミツバチの養蜂を全国を探して歩いていたわけではないが、西日本の各地にニホンミツバチの伝統的養蜂が細々ではあったが残っていることを知った。

長崎県の対馬を歩いたときには、急峻な山の尾根道を歩くと、海が迫っていて特異な景観に驚いた。まさに『魏志倭人伝』の対馬の描写は実際に見た人の記述ではないかと思ったものである。この上県郡の山の尾根道にはバスが通っていて、くねくね曲がりながら眼下に海辺の村を見下ろす。

この尾根道のそこかしこに知らない人なら何か山の神の祠か何かと思ってしまいそうな木の筒が畑や林縁に置かれているのを発見するだろう。これこそが対馬でハチドウと呼ばれるニホンミツバチを飼養する簡単な道具である。バス停は尾根道にあり、ここから海辺の村である鹿見《シシミ》まで相当歩かなければならなかった。鹿見の隣は女連《ウナヅラ》というところであるが、尾根道で見たハチドウが鹿見や女連では家の庭に並んで置いてある姿をみて驚いた。もちろんこれがニホンミツバチを飼養するハチドウであることはここに来てから知ったのである。確かに山の神の祠にしては多すぎる。

最初に鹿見を訪れた目的は、この地域の生業を調べてみたいと思っていた。対馬の村は農業を中心にした本戸（長男が継承する本家が中心）と漁業を中心とした寄留（本戸の次三男が独立して漁業を営む。農地はほとんどない）から成り立っているところが多い。漁業の中心は当時ではイカ釣り船が稼ぎの中心であった。本戸はかつては集落周辺のわずかな水田と急峻な山での焼畑が中心であった。しかし、焼畑は一九七〇年代にはほとんど誰も行ってなく、昔は本戸の農業が寄留の漁業より盛んであったが、経済的な地位は逆転していた。この本戸のさびれた農業に付属していた小さな生業としてニホンミツバチの飼養があったことを覚えている。

調査の中心は当時釜山沖まで出漁していたイカ釣りなので、ニホンミツバチの飼養の調査に再び訪れたのは一九九〇年代であった。この時は当時江の川高等学校の生物の教師をしていた宅野幸徳さんと一緒であった。鹿見を再訪して本戸の阿比留さんの家のニホンミツバチ養蜂を数日観察させてもらったり、話を聞いたりした。私自身はその後ニホンミツバチの養蜂に関心をもってはいたが本格的には調査は行わなかった。ここでニホンミツバチの飼養民俗に関しての知見の多くは宅野さんのその後の調査に多くをよっている。彼はその後三か所で詳しく調査して報告している。ニホンミツバチの分布は、青森県から鹿児島県までで、密度の濃淡は東ほど薄く、西ほど濃くなる傾向がある。当時この分布の中で和歌山県熊野地方、奈良県十津川地方、島根県西部の西中国山地などにニホンミツバチ飼養の民俗が色濃くあった。宅野さんはいずれの地域も調査して伝統的養蜂のモノグラフをものしている。(3)

対馬のニホンミツバチの養蜂がいつ頃からあったのかは明確な史料はない。相当古くからあることは間違いないようである。養蜂技術は『日本書紀』に蜜蜂の記述が見られるのが初見である。これによれば皇極天皇二(六四三)年に百済の太子麻豊が大和の三輪山に蜜蜂の房四枚を放養したが失敗したという。この記述から考えると朝鮮半島から対馬経由で養蜂技術は移入されたと考える蓋然性は相当高いと思われる。日本列島を囲繞する海上の道経由で日本に伝播してきた文化要素は数多いけれども、水車や養蜂などは朝鮮半島から対馬経由で移入された可能性は高い。対馬はこうした日本の文化要素の起源や伝播を考える上で一つの重要な外に開いた窓口であった。

ニホンミツバチの養蜂技術を述べる前に、もう一つ対馬の重要な農耕文化について述べておきたい。対馬では海岸沿いに多くの海付き村があるが、こうした地域では対馬ではコバと称された焼畑が盛んであった。ニホンミツバチの養蜂も焼畑農耕とセットであった可能性がある。その理由は焼畑作物が蜜源植物としてきわめて豊富なことがあげられる。特にソバの花は蜜源植物として有効である。焼畑で人が栽培して大量に存在するソバの存在は養蜂にとって無意識な養蜂技術の一つであったにちがいない。いずれにせよ対馬ではかつて海岸沿いに村があって、僅かな平地には水田稲作と常畑があり、背後の山は焼畑になっていることが多かった。

中尾佐助が栽培植物の起源地として世界に四つのセンターを設定し、農耕文化の多元的起源論を論じたのは有名である。その著作『栽培植物と農耕の起源』(4)に端を発した日本文化起源論の一種である照葉樹林文化論は文化人類学者の佐々木高明などによって唱道され一世を風靡した。佐々木高明の『稲作以前』(5)は照葉樹林文化論の骨子をもっとも明確に表している。稲作の伝播以前にアワやヒエやソバなどを栽培する焼畑農耕の存在の有無が大きな問題となったのであるが、照葉樹林文化論そのものは稲作起源地の仮説が変化し現在は以前ほど話題にならない。しかし、稲作以前に焼畑やタロイモ・ヤムイモなどの根菜農耕などの文化が存在したかどうかは依然として興味深い問題である。照葉樹林文化論が唱えられ始めた当初、考古学者の渡辺誠は鋭い批判を展開したが、あまり注目されなかった(6)。焼畑農耕から稲作農耕への転換はありえても、その逆はないというのが照葉樹林文化論の骨格の論法であり、日本に焼畑農耕が標高のかなり高い山間部に最近まで存在していたとなれば、それは稲作以前の焼畑農耕の残存であり、稲作以前に焼畑農耕が存在していた証拠であるという論理展開である。渡辺の批判の要諦は、稲作以前の焼畑という段階を考えなくとも稲作と焼畑をセットとしてもっている文化があったとしても成り立つのではという議論であり、むしろそれの方が普通であろうというのが渡辺の議論であったと思う。渡辺の批判を受け入れるとすれば、焼畑を最近までおこなっていた地域の文化というのは、稲作と焼畑をセットでもっていた文化が、山間部に入って稲作を放棄した姿なのではないかという推測が成り立つ。あまりに急斜面の地しかなく水田耕作つまり稲作を諦め、急な斜面でもできる焼畑と畑作に次第に依存するようになった姿を我々はみていたのではないか。実は私もその可能性の方が高いと思っている。こうした稲作・焼畑農耕民が山間部に入ったのは、中世に人口が急激に増えたことにより開拓のため山に住むようになったのではないか。また中世の戦乱の時代に平地の農村から逃れて山野に入った人びとも結構いたのではないか。

私は佐々木高明の照葉樹林文化論に対して民俗学から補強を行ったように言われている坪井洋文の『イモと日本人』[7]の畑作・焼畑の世界は、中世における人の移動・移住の反映ではないかと思っている。そもそも日本文化起源論の多くは、起源地の探索とその時代そして伝播ルートに主要な関心が集中し、日本に伝播してきてからの展開には注意が向けられなかった嫌いがある。日本の農民が営々と農民実験とでも言えるような試行錯誤を行い新たな方法を発見したり、新たな作物を付加したりしてきたことにはあまり注意が向かなかった。[8]

最近、稲作と焼畑のおもしろい関係性を知った。舞台は、中国雲南省の紅河自治県であるが、タイ族、ヤオ族、ハニ族、ラフ族など多くの民族が共棲する谷がある。ベトナム国境とは三千メートル級の山岳が櫛比していて奥地は中国では珍しい樹冠の閉鎖した亜熱帯降雨林の原生林が展開している。こうした谷にヤオ族が移住してきたのは伝承では比較的新しいことなのであるが、移住した最初の数年は周りの山で焼畑耕作をするという。こうして食料を作り数年を過ごすが一方でその間に棚田を開墾していく戦略をとる。棚田が完成して稲作が十分できれば焼畑はやめてしまう。考えてみれば、稲作が特化するといっても、純粋に稲作だけで生活することはありえないわけで、常畑にしろ焼畑にしろなんらかの畑は作っているし、鶏や豚の家畜も当然飼うわけで、ヤオの村が現在焼畑を行わないからといって技術として潜在的に保有していることは十分あるのではないかと思う。それにヤオ族の棲む村の上部には生業として焼畑を優越させていたラフ族が棲んでいる。隣り合う民族は敵対する場合もあれば友好的な関係の場合もあり、技術や技能が他民族から入ってくることだって十分ありえる話である。

では対馬の焼畑コバと照葉樹林文化論批判はどのように関係するのであろうか。先に稲作・焼畑農耕民が山間部に入ったのは、人口が急激に増える中世と書いたが、では山間部に入る前の農耕民はどこにいたのであろうか。それは海岸部に近いいわゆる小河川の下流部の三角州での稲作・畑作と集落背後の山での焼畑を営んでいた人びとがいたはずである。大河川の場合はデルタが発達し湿地帯が相当広範囲に及んだと思われるので、背後の山というのはデルタの最上部あたりに限られて存在するので、むしろ中小の河川の方が水田と常畑・焼畑のセットには都合がいいのではないか。焼畑も稲作と同じように外部から日本列島に渡来したとすれば、最初は海岸近くの適地で生活を営むはずである。そうした姿を彷彿とさせるのが対馬の稲作•畑作と焼畑ではないかと思うのである。こうした観点から対馬の焼畑を論じた人はいないが、佐々木高明の論にしろ渡辺誠の論にしろ、海岸地帯に近い山間部で焼畑農耕をおこなったと思われる遺跡がなければならないはずである。もちろんこの場合の焼畑農耕は佐々木の論なら稲作を伴わない縄文農耕的な遺跡があるはずだし、渡辺の論なら稲作・畑作を伴う焼畑農耕の遺跡であるはずである。

対馬のニホンミツバチ養蜂が、稲作・焼畑農耕の伝来と同じ頃であったかどうかはまったく確証がない。しかし、対馬における島史（誌）は『津嶋紀略』や『増訂　対馬島誌』などでは継体天皇の頃の伝来としている。つまり六世紀には対馬では養蜂は存在していたとしている。近世の『対馬藩政日記』では蜂蜜が幕府への進物として使われたと記されている。近世の対馬では蜂蜜が名産品であったことはまちがいない。

照葉樹林文化論のように農耕システムが伝来した場合でも、養蜂のように個別の文化要素が伝来した場合でも起源論や伝播論で考えておかねばならないことがある。日本のように比較的大陸に近く海に囲繞された島嶼では、文化システムにしろ文化要素にしろ起源や伝播が一か所で、伝播ルートが一つで、伝来時期がある特定の一時期と考えない方がいいのではないか。多数の起源地、多数の伝播ルート、多数の時期の伝来を想定する方が現実的なことではないだろうか。そしてさらに付け加えておくならば、日本に伝来してからの展開も考えておくべきであり、起源論や伝播論ではほどんどが日本に伝来したという証拠となるさまざまな文化要素のもつ原初性のみに注目がいってしまい、日本での展開や発展に目が向かないのは問題であろう。話が若干ニホンミツバチの養蜂から逸れてしまったが、対馬におけるニホンミツバチの養蜂の起源論は朝鮮半島や中国などにおける伝統的養蜂が明らかになれば、照葉樹林文化論と同じような議論が繰り返される可能性があるので一言述べておいた。

対馬の宗氏は幕府や幕閣に対して蜂蜜を献上していた。対馬の蜂蜜がそれほどの特産品であったのはどうしてであろうか。それは二つの理由が考えられるが、その一つが対馬の焼畑である。先述したように焼畑の作物の中のソバ、アズキ、ダイズなどの花はニホンミツバチの格好の蜜源植物である。コバが対馬でかなり広がっていたとすればニホンミツバチにとっては棲息するには都合がいい。また対馬には対馬暖流が流れていて、北に位置しているわりには海岸植生にはツバキ（これまた椿油の産地であり、現在でもこれは有名である）などが冬に咲くのでニホンミツバチの越冬には有利である。対馬暖流によって対馬は北に位置するにもかかわらず照葉樹林が発達していて、ツバキを始めとした常緑広葉樹が多い。

対馬のニホンミツバチの養蜂が盛んなことには、もう一つ見逃すことのできない理由がある。それは対馬にはツキノワグマが棲息していないことである。宅野さんは対馬以外にも西中国山地や紀伊半島でニホンミツバチの養蜂民俗の調査をしてきたが、特に西中国山地ではツキノワグマによって蜂蜜が獲られてしまう被害について報告している。ツキノワグマにとって蜂蜜は大好物であり、ハチドウを倒して中の蜂蜜、幼虫、巣板まで食べる。ニホンミツバチの攻撃などもろともしない。

山麓に置かれたカラバチドウ（対馬・上県佐須奈、宅野幸徳氏提供）

西中国山地では、ツキノワグマの被害が大きなところは、養蜂をやめてしまうこともしばしばある。ツキノワグマの食害はニホンミツバチの群れの全滅を引き起こす。

対馬はニホンミツバチの群れの減少を野生の群れの補給によって補っている。対馬ではツキノワグマが存在しないので、山の中に誘因のための空ハチドウを置いておくことができる。しかし、西中国山地を始めとしてツキノワグマの生息地におけるニホンミツバチの養蜂は、野生の群れの捕獲のため山の中に空ハチドウを置くことができない。もし、野生のニホンミツバチがたまたま空ハチドウに入ったとしても、それはツキノワグマの格好の餌食になってしまう。本土と異なって対馬のファウナ（動物相）における大型ほ乳類ツキノワグマの欠如が養蜂にとっては幸いしているわけである。これは単に食害を及ぼすほ乳類の欠如という理由によるだけでなく、ニホンミツバチの養蜂が野生のニホンミツバチの生態や習性を利用した自然を模倣した技術によっていることと大きく関係している。ニホンミツバチの養蜂技術は、ニホンミツバチの習性に大きく依存しているので、自然利用の中では原型的な利用と言えるのではないか。私は自然利用を四つの類型に分類しているが、この自然を模倣した技術を「自然を生かす」技術と名付けている。

対馬の養蜂民俗と焼畑は双方にとってプラスに働いていたものであった。ツキノワグマがいなかったことも養蜂民俗にとってはプラスであった。しかし、近世の対馬の焼畑には大敵がいた。十七世紀後半には対馬の焼畑を諦めさせるほどのイノシシの増加があり被害は深刻であった。この対馬のイノシシと人間の壮絶な闘いは有名なものである。現在、対馬にはイノシシは存在しないけれども、これは十八世紀の初頭の約十年間に人間の手によってイノシシが対馬から殲滅された結果なのである。最近、また猟のために移入されたとも聞くが、ともかく対馬からすべてのイノシシが絶滅に追いやられるというのは、日本の近代以前の社会では食物をめぐって人間と動物のとりあいの歴史であった側面があり、今からは想像さえできない自然と人の関係であった。これは対馬に限らず各地で生じていた現象であり、歴史の中から自然を排除することができるようになったのは近代になってからと言っていい。歴史学が自然を排除して成り立っているものだというなら、歴史学というのは近代になって発明されたものだといえる。

　十七世紀の後半に対馬は食料増加のため焼畑の面積を増やす政策を対馬藩は採用した。しかし、皮肉なことにこの政策はイノシシの増加をみただけで人間の食料増加には至らなかった。焼畑がむしろ餌場として野生動物を惹きつけることは知られている。だからイノシシを狩猟する場として焼畑を利用するならば人里離れた焼畑は格好の狩猟場ということになる。海南島のリー族の調査をしていたとき彼らの集落から遠い粗放な焼畑は、熱心に穀物を栽培する焼畑ではなかった。適当にアワやタロイモを栽培してイノシシやキョンを誘引するアニマル・ファームとしての焼畑という焼畑の有り様もあることを知った。一緒に調査していた西谷大さんは、この焼畑のもつ機能を「大きな罠」と命名し、ハクビシンなどを獲る狩猟具の仕掛けを「小さな罠」と名付けてその意義を説いた。[9] しかしかつて焼畑狩猟採集民であったリー族の場合は、野生動物と人間の食物を巡る争いでは、人間の側が優位に立っていた。十七世紀後半の対馬では逆にイノシシの方が人間より優位に立ったようなのである。ここで登場したのが有名な対馬藩郡奉行であった農政家・陶山訥庵であった。当初あまりのイノシシの被害が大きく政策として焼畑そのものを禁止する木庭停止を打ち出すが、いったん増えたイノシシを減少させることにはならなかった。木庭（コバ）とは対馬で焼畑のことを指すが、停止してもイノシシには効かないほど増えていて、これはもはやイノシシと人間の壮絶な闘いの様相を呈してきた。陶山訥庵が最終的に打ち出した政策はすさまじいものであった。

彼は東の海岸から西の海岸まで土塁を設けて対馬を九つの区域に分ける計画を立て南の方から実行していく。一七〇〇年の冬から春の農閑期にこの土塁を作る。一番南の狭い領域の中でさらに仕切を設け、この中のニホンジカとイノシシを銃殺及び捕殺して殲滅する。一番南の土塁の中がいなくなったら次の年には二番目の土塁を築き、一番目と二番目の間にいるニホンジカとイノシシを同じように殲滅する。これを翌年もまた次の年も繰り返すのであるが、この事業が終わったのは一七〇九年であり、実に十年間かけて対馬全島のイノシシを絶滅に追いやったのである。ニホンジカは土塁の高さを飛び越える個体がいて、全滅には至らなかったようである。これが世に言う有名な陶山訥庵の「殲猪令」である。全島挙げてのイノシシとの闘いであり、囲った区画から海に逃げたイノシシやニホンジカは漁師が舟上から仕留めたと言われる。最終的に捕殺されたイノシシとニホンジカは八万余頭に及ぶというから、この人間の生活に都合の悪い野生動物との闘いがいかに壮絶なものであったのかがわかる[10]。

現在でも対馬の山中にはこの土塁が残っているところがある。興味深いことに最後に残った番のイノシシ二頭は済州島に放たれたという。どうしてこのようなことをしたのか理解できないのであるが、私たちは自然や野生に対して前近代の人びとがどのように対処し感じてきたのか「殲猪令」を含めて考え直してみなければならない。

さて、対馬でニホンミツバチの養蜂を知って以来、様々な地域でニホンミツバチの養蜂があると話を聞いたり観察したりしていた。静岡県の水窪町や和歌山県の清水町あるいは福島県で数か所、韓国の春川《チュンチョン》近辺の山間部や中国の雲南省でもミツバチの在来種による養蜂をみてきた。本章でエチオピアのコンソの生業について論じているが、コンソにおいても在来種のミツバチの養蜂を行っていた。ミツバチは*Apis*属に入るが、その中にヨーロッパのもの、アフリカのもの、アジアのものの三系統がある。攻撃性という点からみると、アフリカ＞ヨーロッパ＞アジアの順番になる。

エチオピアのコンソではミツバチの養蜂は日本の縦の筒型ハチドウと異なって、木の股に掛ける横の筒を巣箱として用いる。コンソの集落内で歩いていて突然このミツバチに襲われたことが数度あった。何も巣箱を触ったりつついたりしたわけではない。これに襲われると髪の毛や耳の穴に入り込んで刺すので始末が悪い。アフリカの他の地域での野生ミツバチの養蜂はハチドウを横に置くタイプのものが多く、コンソのものもその系統に入る。

日本の在来種のニホンミツバチのおとなしさが何か国民性とリンクしているのではないかと妙なところで妙な感心をした覚えがある。いずれにしてもアジア種の中の一変種であるニホンミツバチの攻撃性は、もっとも少ないものである。この性質がニホンミツバチの飼養民俗にも大きく関係している。

対馬の海岸沿いにある村のある家を訪ねると玄関にとても恐くて近づけないことがある。ニホンミツバチは陽が昇ると朝から活動を開始し、ハチドウに僅かに開けられた入り口からハタラキバチが蜜源植物をめがけて飛び出すのである。探しあてた蜜源植物から帰ってきて、それこそフォン・フリッシュの発見した8の字ダンスで他の蜜蜂の方向と距離を教える。ハチドウの入り口は出蜂と帰り蜂でごった返している。玄関の空中は行き交うミツバチで一杯で、知らない人なら恐怖で入れない。ハチドウを多くもつ人なら二十箱ももっている。家の庭の周囲や家の裏側にも適当に離して置いてある。実は家の庭に二十箱あるだけではなく、山の中に野生や他の家から逃げ出したニホンミツバチが入るように空のハチドウをさらにもっているのが普通である。ニホンミツバチは家で飼うと五月から六月頃一回分封をするので、何年もすると数代分封した元のニホンミツバチの巣は滅んでしまう。そこで野生や逃げ出したニホンミツバチが山でうまくハチドウに入れば、それを家に持って帰ることによっていつも同じようなハチドウの数になるように補給しているのである。

　養蜂民俗でおもしろいのは、分封の時である。五月のよく晴れた風のない日に分封するという。分封の際にはまず探索バチが先に出て分封を作ることができる候補地を探し、そこへ古い女王バチを招く。そこで古い女王バチが飛び立ち、探索バチが候補地として選んだ近くの木や他の家の軒の下などに止まる。するとそこに同じハチドウからでたハタラキバチが女王のところに集まる。これがものすごいもので何千何万というハタラキバチが女王を中心に塊となる。この塊を見逃さないことが重要である。五、六月の対馬ではこのニホンミツバチの分封に備えて、玄関先などにお婆さんが見張りをしている光景をよく見られる。古い女王バチが分封するとハタラキバチがついていくが、問題はこの女王バチがどこに止まるかである。女王バチが近いところで低い場所に止まれば、それを捕獲するのは比較的簡単である。山の方にでも逃げられたら大変である。何しろ対馬の海岸沿の山は急峻で簡単に追いかけることができるようなところはない。隣の家の軒先あたりに止まってくれるのが一番いいけれど何しろ相手は言うことをきかない自然だから仕方がない。それでもこういうことには何かしらの工夫があってこうすると低く近いところに止まるものだという伝承的な技法がある。女王バチが飛び立ったらバケツを叩くというものだ。そうすると不思議に近くで低いところに止まるという。そして止まったら今はホースで水を塊にかけるけど、以前はバケツの水を柄杓で掛けたものだそうだ。後者の方は何となくそれらしい方法である。羽に水がつけば重たくて飛びにくいと思うからである。

こうして古い女王バチの新しい分封は四年くらいで寿命が尽きるといわれる。残された巣箱では新しい女王バチが陣取ることになるが、次の年は同じことが残された巣箱でも起きることになる。従って、元の巣箱のものは常に新しい女王バチがいることになり常に更新されることになる。[11]

この伝承的な技法は各地で聞かれるけど、もっと驚くのはこれと同じ方法がギリシャのプリニウスの『動物誌』の中に書いてあるということである。ヨーロッパミツバチも分封するとき鐘を叩いて低く止まらせるという。にわかには信じがたいことだけど、まさか分封のミツバチを捕まえる方法が、遙かギリシャから伝播してきたとは思えないけれど、こうした類似にはなぜか驚く。動物行動学の分野で確かめられているかどうか知らないがおもしろいものである。[12]

伝承的な技術というものを単に父子相伝で親が子どもに技術を伝えるだけと考えることはあきらかに間違いである。経験的知識というものは代々の技術を伝えてきた人びとが自分の代でも創意工夫して変化させていくものである。ただいつの代でそうした創意工夫が加わったのか判定できないのであるが、ともかく伝承的技術を前の代が行っていたことを単に保守的に繰り返しているだけではない。そうした眼で伝承される技術というものを見ていくべきである。そうして見ていくとニホンミツバチの伝承される技術もきわめて興味深いし、伝承という伝達方法がいかに動的で創造的なものであることがわかる。もっとも生物に関わる経験的知識には、農民や漁民が関心をもたないものには、何か分からないけれどただそういうものだと言われているというものも多い。

対馬のニホンミツバチの養蜂民俗にもそうしたものもいくつかあるので、根拠のありそうなものとありそうではないものをあげてみよう。まず鹿見で聞いたニホンミツバチの習性について、次のような俚諺があった。それは「蜂は八十クマ」というものである。まずクマは当地の言葉であるけれど峠のことを指す。鹿見の人は、蜂は八十以上の峠を越えて蜜を集めてくるという。セイヨウミツバチの場合は、蜜源植物の豊富なところに巣箱を移動させるので特定の蜜源植物の蜂蜜を集めやすい。しかし、ニホンミツバチの場合は巣箱は飼育する個人の家の庭なので移動はしない。従って家の周囲の蜜源植物に訪花することになり、いろいろな植物の花の蜜が混淆している。だから「蜂は八十クマ」という俚諺は蓋然性がありそうだと思ったものである。

民俗学は「聞き書き」と「観察」の共振というのが、私の民俗学の考えであったので、この俚諺の蓋然性を観察によって確かめようと思った。阿比留さんのニホンミツバチが入っているハチドウを観察させてもらうことにして、この蓋然性がどのくらい確かなものかハチドウを前に考えてみた。ニホンミツバチもフォン・フリッシュが発見したように蜜源植物を発見したハタラキバチが八の字ダンスで他のハタラキバチに教えるとすれば、それを実行しているハタラキバチは同じ距離を行き来するはずであるから、同じ蜜源植物に向かうハチについては出バチと帰りバチ（彼らはこう言っていた）の間隔は同じであるはずである。ハチドウで朝から出ていくハチをストップウオッチで出た時間と個体数を計り、帰ってきたハチを時間と個体数を計り、グラフにしてみた。すると出バチの曲線と帰りバチの曲線はちょうど五分の間隔で同じような曲線を描くことが分かった。このことから、彼らの飛行速度に五分を掛ければどのくらいの距離の蜜源植物に行っていたかが分かる。これによって何回も計測してみると距離はせいぜい数キロメートルであり、「八十クマ」を飛んで蜜を集めるという伝承的知識は疑わしいことがわかった。こうした経験的な知識にはこうしたものも多いのであるが、「聞き書き」ということだけから、その伝承的知識は蓋然性の高いものとして民俗学を構築することには留保が必要である。伝承的知識はたいへんすぐれたものもあるがすべて信頼性のあるものとは限らない。

逆に養蜂を長い間を彫琢してきた伝承的な技術には、「野の生物学者」と言ってもいいような観察に基づく技術がある。外部の人がみると家のまわりに置かれているたくさんのハチドウは何の仕掛けもないように見えるが、実はそこには巧みな技が潜んでいる。対馬の五月はニホンミツバチが分封する季節である。分封したニホンミツバチを首尾よく捕獲できたらそれを入れたハチドウを家の廻りに置かなければならない。その時、出自した群のハチドウの近くにこの新たなハチドウは置かないようにする。その知恵が巧みである。元々同じハチドウに住んでいたのでお互いのハチドウが近いと間違えて元のハチドウに入ってしまうことがあるという。その時、二つのハチドウのハタラキバチが空中戦をして大量に死ぬことがあるそうだ。これを教えてくれた人がこのことを人間世界のことのように「嫁は実家と嫁ぎ先は遠い方がいい。近いとすぐ帰ってしまうからだ」と喩えた。元のハチドウが表の庭にあれば、分封したハチドウは裏庭に置くといった具合である。これなどは不断の観察によって伝承的な知識も彫琢されることを見事に表している。

ニホンミツバチの養蜂民俗を自然の原型的な利用の典型として、「自然を生かす」技術の例として述べてきた。次は「自然をたわめる」技術の典型として鵜飼を取り上げてみたい。この「たわめる」という意味は、ニホンミツバチの養蜂では何ら生物の体に変形を加えることはしなかったが、鵜飼ではいくつか変形を加えることを意味している。変形的利用を「自然をたわめる」技術と呼んでおきたいが、「角を矯めて牛を殺す」の諺とは逆の巧みな技術が鵜飼にはある。それは一言で言ってしまえば、「野生性を保持させたまま人に馴致させる」技術である。

何のために野生動物を家畜化するのか。それには二つの理由が考えられるが、一つはその動物の肉や乳を計画的に調達するためである。このような動物としてはヤギ、ヒツジ、ウシ、ラクダ、ブタ、ニワトリ、スイギュウなどが代表的なものである。もう一つは畜力利用のために家畜化するのであるが、ウマ、ウシ、ラクダ、ロバ、スイギュウなどがその代表である。ウシ、ウマ、ラクダ、スイギュウは食料と畜力のいずれも利用する。

しかし、その二つの範疇に入らない家畜化もあり、その代表的な例は鷹狩に使う鷹と鵜飼に使う鵜がある。この場合の家畜化は、鷹にしろ鵜にしろそれらの動物の捕食能力を利用してそれらが捕ったものを人間が「横取り」することを利用する家畜化である。従って、それらが普通の家畜化のように人間に馴致してしまい、野生性を失ってしまっては意味がない。そこにこの家畜化の最大の特色がある。肉乳利用や畜力利用のためにある種の動物を馴致することを同化的家畜化と呼べば、鵜鷹の馴致の特異性という点から異化的家畜化と言ってもいいだろう。

鵜飼は現在のところ中国と日本にしか見られない。そして鵜飼に使われる鵜の仲間は世界に三十種ほどあるコモラントのうち、ウミウとカワウだけである。ウミウは東アジアに棲息し日本では東日本や日本海側の岩礁地帯に冬に飛来する渡り鳥である。カワウは留鳥であり、北半球ではアジアからヨーロッパまで分布していて、各地で鳥害問題を引き起こしている。中国の鵜飼と日本の鵜飼は使用する鵜の種類が異なるだけではなく、鵜飼の技術上に大きな相異がみられる。もっとも大きな相異は、日本の舟鵜飼では数十羽の鳥を使うが、中国では鵜縄を使わず放し鵜飼であるが、日本の場合は一羽一羽は鵜縄で繋がれていて繋ぎ鵜飼であることである。中国の鵜飼では少数の鵜を使う場合から数十羽使う例もあり、使う鵜の羽数には大きな変異がある。もっとも日本の鵜飼にも徒歩鵜飼といって二羽あるいは四羽という少ない鵜を使い、それも鵜縄を使わない鵜飼もあった。これについては後述する。むしろ中世以前の日本ではこの方法の方が普遍的であった可能性が高い。しかも使う鵜はウミウではなくカワウではなかったのかと推測している。中世の生活世界を示す有名な『一遍聖絵』の第七巻第一段には琵琶湖畔と思われる湖岸に繋がれた小さな漁舟に六羽の鵜が繋がれてはいない状態で描かれている。野生だとすればカワウの可能性が高い。また第七巻第四段には桂川で小さな舟の中で漁師に抱かれている鵜と舟の縁に鵜縄なしで止まっている鵜が描かれている。これは後述する宅野幸徳が調査した高津川の徒歩鵜飼と同じ光景ではないかと思わせる。二つの鵜籠が舟の中にあるけれども、これが宅野の報告する徒歩鵜飼の時使用する鵜籠とそっくりなのである。この鵜が琵琶湖岸の舟に止まる鵜と同じであれば、この鵜はやはりカワウではないかと思われる（左頁掲載図参照）。

（上図）『一遍聖絵』第七巻第一段関寺の場面（部分拡大）にみる琵琶湖岸の舟にとまる野生のカワウ6羽。（下図）『一遍聖絵』第七巻第四段洛西桂の場面（部分拡大）にみる桂川の放し鵜飼。
〈出典ともに　清浄光寺（遊行寺）蔵・国宝『一遍聖絵』（一遍上人絵伝）〉

益田市高津の塩田喜助さんの訓練中のウミウ。鵜籠の形態が桂川の鵜籠と同じである。（宅野幸徳氏提供）

ドメスティケーションのレベルという点では中国と日本は大きく異なっていて、中国の場合はカワウは完全に飼育されていて、飼育化で卵から幼鳥を育て鵜飼の技術を訓練される。日本の場合は野生のウミウを捕獲して、野生状態のものを訓練によって鵜飼を覚え込まされる。この中国の鵜飼と日本の鵜飼の差異はドメスティケーションを考える上では、きわめて興味深い問題を提起するが、ここでは自然利用の四類型の一つという視点から鵜飼を考察してみたい。中国の鵜飼については最近ドメスティケーションも視野に入れた詳細なモノグラフが卯田宗平によって報告されているので、鵜飼の彼我の比較については彼の報告にゆずることにしたい[13]。

鵜飼の技術は自然利用の変形的利用つまり「自然をたわめる技術」に多くを依存している。この「自然をたわめる技術」とはウミウに対してどのようなことを指すのか。そのことに言及する前に日本の鵜飼の二つの系譜について述べておかなければならない。長良川の鵜飼とか宇治川の鵜飼というのは現在では観光鵜飼として有名である。宇治川の鵜飼では近年飼育下にあるウミウが産卵して抱卵し孵化したので話題になった。日本の鵜飼では訓練を受けた飼育下にあるウミウが産卵をすること自身も珍しく、まして抱卵や孵化などは実例がない。こうした鵜飼を行うところはかなり大きな河川の中流域が多く、初夏に海から遡上するアユを狙った漁法である。舟に多くのウミウを乗せて、何艘もの舟が集団で漁をする方法を発展させてきた。近世では鵜飼漁法はアユ漁に関して藩から特権を与えられていることが多かったが、明治になって漁業権はなくなり衰退するところがほとんどであった。ただ長良川の鵜飼のように観光鵜飼として延命したところもあり、また観光鵜飼として新たに復活したところもある。

この近代になって観光鵜飼が主流になる舟鵜飼に対してもう一つ別の系譜の鵜飼がある。徒歩鵜飼と呼ばれるものである。おそらく生活の手段としての鵜飼ということであれば、徒歩鵜飼の方がむしろ普遍的であったと思われる。それも時代を遡れば遡るほど徒歩鵜飼の方が多かったのであろう。どのくらい日本の鵜飼は遡ることができるのであろうか。

確実に鵜飼の存在を知ることができるのは、形象埴輪という考古学的資料と文献資料である。群馬県群馬町の保渡田八幡塚古墳出土の水鳥の埴輪は明らかに鵜飼を表現していると思われる。この古墳は五世紀末と比定されているので、現在鵜飼の習俗を示す最古の物的証拠ということになる。この埴輪が発見されるまでは、岡山県邑久郡長船町の六世紀後半と思われる古墳から出土した装飾台付須恵器が最も古い鵜飼習俗の存在を示すものであった。この須恵器の肩部に魚籠を腰にした人物と羽を広げた鳥及び魚の小像がある。

鵜縄の表現がないことや舟が描かれていないことから、これらの鵜飼はおそらく徒歩鵜飼であった可能性が高い。

文献では『隋書・東夷伝』に小さな環を鵜の頸にかけて魚を捕らえさせることが記述されているのがもっとも古い記録になる。八世紀に成立した『古事記』、『日本書紀』にも鵜飼の記述がみられるが、鵜飼の技術を記述しているという意味では『万葉集』の柿本人麻呂の歌は重要である。

三六　吉野の宮に柿本朝臣人麻呂が作る歌　『万葉集』
やすみしし　我が大君のきこしめす　天の下に　国はしも　さはにあれども
山川の　清き河内と御心を　吉野の国の　花散らふ　秋津の野辺に　宮柱
太敷きませば　ももしきの　大宮人は　舟並めて　朝川渡る　舟競ひ
夕川渡る　この川の　絶ゆることなく　この山の　いや高知らす　水激く
滝の宮処は　見れど飽かぬかも
反歌
三七　見れど飽かぬ　吉野の川の　常滑の　絶ゆることなく　またかへり見む
三八　やすみしし　我が大君　神ながら　神さびせすと　吉野川　たぎつ河内に
高殿を　高知りまして　登り立ち　国見をせせば　たたなはる　青垣山
山神の　奉る御調と　春へは　花かざし持ち　秋立てば　黄葉かざせり
（一には「黄葉かざし」といふ）　行き沿ふ　川の神も　大御食に
仕へ奉ると　上つ瀬に　鵜川を立ち　下つ瀬に　小網さし渡す　山川も
依りて仕ふる　神の御代かも
反歌
山川も　依りて仕ふる　神ながら　たぎつ河内に　舟出せすかも

伊藤博『萬葉集釋注一』巻第一・巻第二（集英社文庫、二〇〇五年）

この歌は持統天皇の吉野行幸時（六八九～六九一年）に人磨呂が詠ったものである。これは宅野幸徳が論文「高津川の放し鵜飼」で挙げている「下りえこ漁法」と同じものではないか。[14]上流に二、三羽の鵜を放し下流に向けてコイ、フナ、ウグイを追い、下流側に「えこ網」を掛けておいて、それに追い込む漁法である。この漁法は、上流側から放し鵜で魚を追い、下流側に張ってある刺網あいは追われた魚に投網をかけ魚をかからせる方法であろう。つまり通常舟鵜飼で私たちが見ている方法とは相当異なった方法である。この方法では鵜匠が鵜飼漁で鵜を単独で使い魚を獲ることとは異なり、少なくとも網漁法との併用なので漁法に関わる人数も多くなる。

島根県高津川の河口・益田市に徒歩鵜飼の技術をもった塩田嘉助さんに話を聞いたのは一九八九年のことであった。もうすでに故人となっておられるけれど、徒歩鵜飼を行っていた人と出会う本当に最後の機会であった。この調査はニホンミツバチの養蜂民俗と同じように宅野幸徳さんがその後詳しく徒歩鵜飼の調査を行った。私は広島県三次市の舟鵜飼の調査を行ったので、二つの鵜飼を比較することができた。宅野さんは先述した論文「高津川の放し鵜飼」、私は論文「鵜のこころ・鵜匠のこころ」[15]をそれぞれ発表している。（左頁図参照）

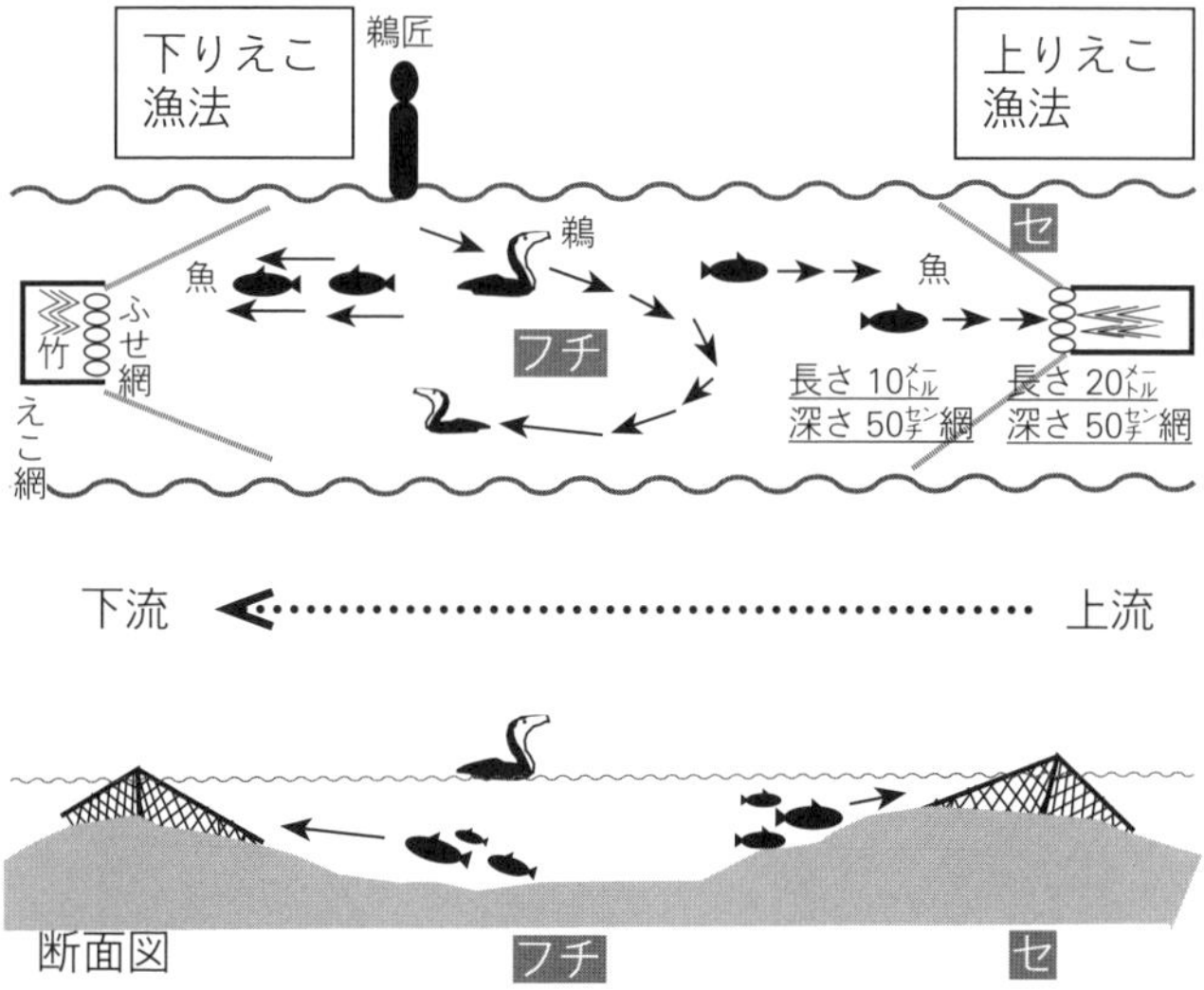

図3　放し鵜飼における漁法。『万葉集』に描かれた鵜飼漁法は「下りえこ漁法」と同じものではないか。(宅野幸徳「高津川の放し鵜飼」より改図)

塩田さんから日本における放し鵜飼の実際について聞き書きを採ることができなければ、永遠に放し鵜飼の実態は分からなかったであろう。それほどの偶然であるが、彼の鵜飼漁法には「下りえこ」漁法、「上りえこ」漁法、「鵜せぎ網」漁法、「あなどり」漁法などがあり、鵜匠と鵜での単独漁法よりこれらの鵜匠と村人の共同漁業の方が普通であった。

塩田さんは鵜を二羽鵜籠に入れて、近いところなら歩いて川を遡り村に行く。遠いところなら自転車を使ってかなり上流の村にも出向いた。多くは正月に消費する鯉や鮒を捕るためであったという。

正月魚の注文があると村のほうは刺網を用意したり、投網を用意したりする。それで人足も必要に応じて数人出す。鵜匠は二羽の鵜を使って上流から（上りえこなら下流から）魚を網の方に追って魚を獲る。獲れた魚は、人足の数と鵜匠と鵜は一羽は一人前なので全部で三人分に数えて分ける。鵜匠の分は通常はその村で売り払ってくる。塩田さんの行動範囲は高津川、益田川、三隅川に及び、数十キロメートル上流の村まで商売の鵜飼漁法をして歩いたという。おそらく万葉集の時代から日本の各河川では生業としての鵜飼はこうした方法で村々に魚を供給していたものと思われる。舟鵜飼よりこちらの方が普遍的であったのではないだろうか。そして徒歩鵜飼の鵜が魚の分配にあたって一人前に認められていることが重要で、これがあるからこそ共同漁業において鵜飼の技術が彫琢される理由がある。

徒歩鵜飼から舟鵜飼が発展したことは推測に難くないが、この理由はおそらく舟鵜飼が生業として自立できるようになるほど効率のよい漁法だからであろう。舟鵜飼が単独で行動することもあるが、近世では藩から認められた鵜飼漁業権の及ぶ範囲で舟鵜飼同志の共同漁業が一般的であったようである。私が調査した広島県の三次市の舟鵜飼も一九八〇年代では観光鵜飼になっていたが、この鵜飼について観察と聞き書きを採った上岡義則さんは当時七十三歳であり、若い頃は生業としての鵜飼を行っていた。

生業としての鵜飼は、舟鵜飼同志の共同操業による漁法を基本としていた。広島県山間部に源流をもつ馬洗川、西城川、神野瀬川、可愛川の四河川が三次市で合流し、中国太郎の異名をもつ江川となって日本海に注ぐ。四河川は三次市内で巴状になって合流するが、この地点に尾関山がありここに城があった。舟鵜飼の粋を集めたソウガラミという鵜飼技術が展開する場がこの地であった。ソウガラミで漁獲されたアユは、この巴状に合流する地点に水揚げされ川魚問屋が買い取ったり、城下の人びとが魚をここで買い求めたという。

鵜飼の技術の粋はこのソウガラミであるが、この技術を支えたのは鵜という「自然をたわめる」技術である。この技術が生業の民俗的技術の粋ならば、ソウガラミの漁獲を分配する方法は社会的技術の粋である。ここでは分配と漁獲方法における鵜飼同志の徹底した平等主義が貫かれている。この平等主義というのは、鵜飼に限らずこの地域の内水面漁の間に見られる「モミ」制度にみられるものである。(16)

ではソウガラミを支える民俗的技術の粋とはどのようなものであろうか。ソウガラミは三次の鵜飼でもっともむつかしく巧みな共同鵜飼である。観光鵜飼でも数隻の舟が共同で行う華やかな漁法であるが、上岡さんが引退したとき見学のために一緒に観光船に乗り、この秘術について教えてもらった。

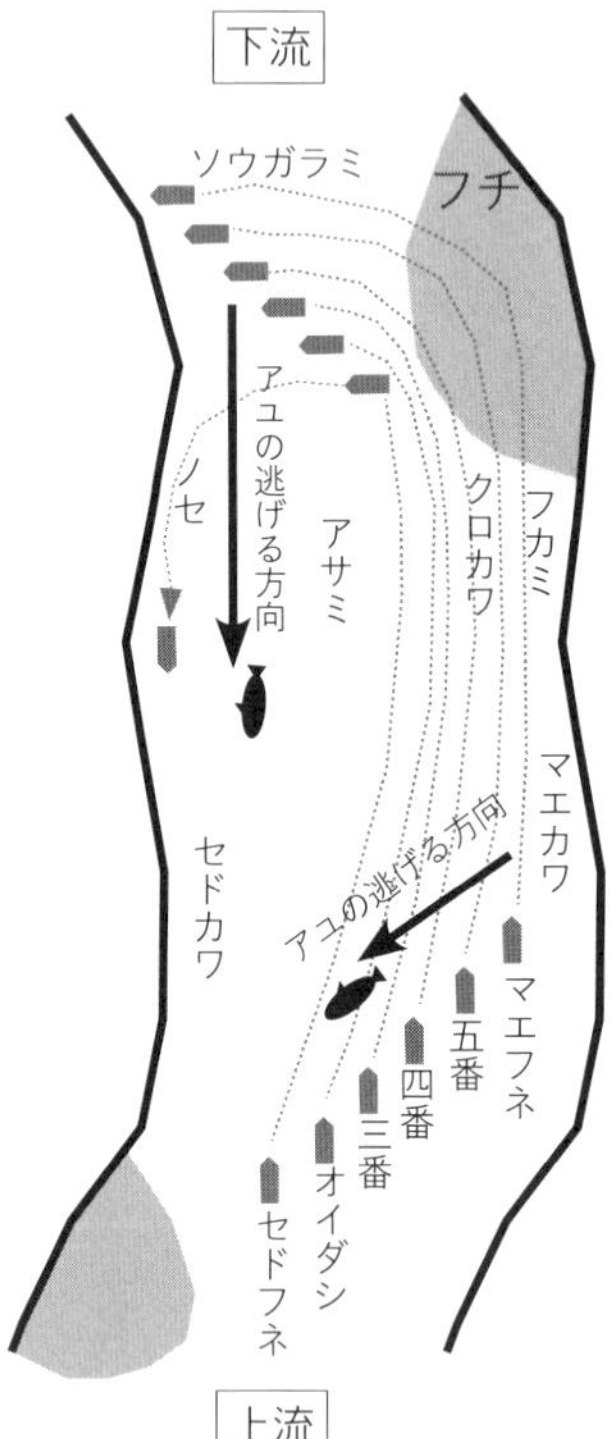

図4　舟鵜飼のソウガラミとノセ（参考　篠原徹「鵜のこころ・鵜匠のこころ」より）

川を下りながら鵜飼する時、鵜匠は下る方向の右側をマエカワ、左側をセドガワと呼んでいる。この川の呼称は鵜飼で川を上るときも同じ呼び方をする。舟ではミヨシ（舳先）の前に立ち、右側に夜漁の時はカーバイトを照らす。鵜匠は常にミヨシの右側で鵜を操る。舟鵜飼は右の図にみるように淵と淵のあいだで行い、下りの鵜飼であれば上流の瀬からアユを追うが、図のように右側のマエフネからセドフネに籤を引いて決めた順に並ぶ。高位の者がセドフネになるようにするが、鵜に追われてアユの逃げる方向がマエカワからセドカワなのでセドフネが有利である。しかし、これは一操業のことであり、次の淵から淵の二操業目は舟の位置を一つずつずらす。最低、六操業を行って各舟が平等になるようにしていた。生業としての鵜飼では夜鵜飼漁に出て明け方まで操業することがあったそうだ。少なくとも大正時代にはそうしたことが普通であり、獲ったアユなどは尾関山にある橋の袂で開かれる朝市で売りさばいたという。ここでもモミ制度が貫徹していたわけである。

このソウガラミで使われる鵜は当然訓練された鵜であるが、野生のウミウをどのように鵜飼の鵜にするのであろうか。現在、観光鵜飼で使われるウミウは環境省に捕獲許可願いを出して、茨城県十王町に飛来するウミウを獲ってもらい仕入れるという方法で入手している。しかし、戦前までは塩田さんのような徒歩鵜飼をする人が、日本海岸に飛来するウミウを捕獲して訓練をして三次の鵜匠に供給していたらしい。塩田さんにウミウの捕獲と訓練の話を聞いたとき、これはまさにフォークエソロジーと言ってもいいような卓抜な調教だと思った。つまりウミウの魚食行動という野性を保持しつつ人間と親和性をもたせるという微妙なバランスをとる方法を編み出しているのである。そのためまず野生のウミウを捕獲してどのように訓練するかということが重要である。戦前に塩田さんが山口県の須佐や島根県の益田あるいは遠く隠岐の海岸の岩礁地帯に晩秋飛来するウミウを捕獲していた方法を述べてみる。

晩秋に日本海岸に飛来したウミウは日中の採餌活動では海の中の岩礁に時々休息をとりながら潜水して餌を獲る。夜は海岸林の中にコロニーを作って休む。海辺の知り合いの漁師の援助で鵜匠は採餌活動中で海の岩礁に休息する時のウミウを狙う。ウミウは岩礁で休息するとき順位の上位のものが上で休む習性がある。同じ岩礁で同じウミウが順位をもって休むことを利用し、鵜匠はウミウが採餌活動に出る前に岩礁に仕掛けをするのである。

赤い岩礁ならベンガラを塗ったモチを、黒い岩礁なら墨を塗ったモチをつける。狙うウミウの岩礁に事前に上陸して仕掛けておくのである。採餌活動で休んだウミウが同じ場所にその日最初に休息したとき、脚にモチがつき驚いて海に飛び込んだウミウを漁師と鵜匠は追う。そして後脚で蹴り上げたとき塗られたモチが羽にもついて飛べなくなったいるウミウは潜ったり海上に出たりしているところに舟は近づく。そっと近づきサシモチ（長い竹の先端にトリモチがつけてある）を潜水と浮上を繰り返しているウミウの羽に付けて舟にウミウを引き上げる。引き上げられたウミウはすぐ木綿針で両眼の上下を縫ってしまわなければならない。こうすることによって猛禽類である鵜の攻撃を避けるできるのである。さらにもう一つ重要な身体加工の技術がある。片方の風切り羽の一つ二つを切り落とすのである。そしてハセガミという嘴に藁を噛ませて縛る。ついでに嘴の先端をヤスりで丸く削る。胴部に襷がけをして鵜籠に入れて持ち帰る。こうして野生のウミウは家で訓練を受けることになるが、両眼を木綿針で縫うことは、人間に対して敵対心がなくまるまで続けるので、これは正の馴致法である。風切り羽を片方だけ切り落とすのは、鵜匠によれば逃げ出しても遠くに飛べず旋回してしまうので捕まえるのが楽であるという。つまりこれは飛翔力や潜水力を保持させるための技術であり、野生力を保持させる技術である。馴致というレベルで考えれば負の馴致法であるといえる。

家に帰ってからこの野生の鵜に魚を獲らせて人間が横取りするための技術を教え込む。木綿針を縫っている間は日中には庭の決まった石に止まらせておき、毎日鵜匠が生きた川魚を口に入れてやる。夜は穴を開けた鍋に灰を入れて肥松を燃やす。これは篝火でも臆さないようにするためである。かなり馴れたウミウを囲炉裏の近くの莫蓙に乗せて赤い火をみせながら喉をさする。これを毎日二、三時間続けて三日も経つとかなり馴れるそうだ。こうした野生のウミウを捕獲して馴致する方法は中国の鵜飼では必要がない。それは中国の鵜飼では飼育しているカワウから卵を生ませて育てるからである。日本の鵜飼と比べると家畜化は一層進んでいるとも言える。しかし大きくなったカワウは人に馴れすぎて野性を失っているので、訓練によって野性を取り戻さなくてはならない。それは過酷といえる訓練で日本の鵜匠がみたら驚くほどのものであるようだ。

日本の徒歩鵜飼の鵜はここまで馴れれば後は実際に漁に出て魚を獲る訓練を受けることになる。三次の鵜飼はかつてはここまで訓練を受けたウミウを徒歩鵜飼の漁師から仕入れていたようである。前近代やそれ以前の舟鵜飼は河川の中流域の盆地になっているところで発達したようである。従って、舟鵜飼のウミウは海岸に飛来するウミウの捕獲は困難であり、日本の海岸部におそらく数としては普通に存在していた徒歩鵜飼の漁師からウミウを手に入れていた可能性が高いが、これを実証する資料は存在しない。

仮にこうして手に入れたウミウに魚を獲らせる訓練は、舟鵜飼でも徒歩鵜飼でも大きな違いはない。そこで最も重要な野性をたわめる技術であるペアリングについて述べておきたい。このペアリングと私が名付けた技術は、日本の舟鵜飼や徒歩鵜飼だけではなく卯田宗平によれば中国のカワウを使う鵜飼においてもみられるという。つまり鵜飼にとってはかなり普遍的な技術なのである。新しく鵜飼のために捕獲されたウミウは先述したように片側の風切り羽は切り落とされ、当初は両眼を木綿糸で縫いつけられ人間に対して攻撃性がかなり柔らぐまで馴致されている。このウミウにどのようにして魚を獲らせる訓練をするかである。

鵜匠はウミウの飼育や運搬のために鵜籠を持っている。鵜籠は二羽のウミウを入れることができるように真ん中で間仕切られている。よく馴れていてすでに鵜飼のできるウミウと新参者を同時に鵜籠に入れる。これをしばらく続けると外に出しても常に一緒に行動するようになる。鵜籠の中の上部は相手を攻撃できるほど少し空いているので、攻撃性の強い個体はしばしば相手を弱らせてしまうこともある。こうしたときは攻撃される側を鵜籠に残し、相手をしばらく小屋で一羽で飼う。しばらくして同じ鵜籠に入れると弱い個体も先住効果があり、以前ほど攻撃されることはなく対等な関係になりペアを組むようになるという。ウミウの雌雄を見分けるのは外見ではむつかしい。だからこのペアが雌雄であることを基準にすることはない。雌雄の場合も雌雄でない場合もあるが、このペアが雌雄であった場合も交尾をして有精卵ができることはほとんどない。これは上岡さんの長いウミウの飼育経験でも皆無に近いことである。一度だけ卵を生んだことがあるが、すぐ自ら踏みつぶしてしまったそうだ。ペアリングが擬似的な配偶関係を作る目的は別のところにある。それは徒歩鵜飼では鵜を馴致して川や池沼で勝手に漁撈させることができるようになれば、当然一緒に行動してくれた方が遙かに効率がいい。別々に行動すれば漁獲した後、戻ってくるように訓練されていても場所がバラバラで魚を鵜に吐き出させるのに手間がかかる。

徒歩鵜飼はほとんどの場合二羽を連れ歩くと塩田さんは言っていたけれども、二羽でも徒歩鵜飼は鵜縄を使わないので鵜は自由に動くことができる。ペアリングですでに一緒の行動をする方が特に山中の川では有利である。鵜飼のことを調べはじめた頃は、舟鵜飼こそペアリングは重要な技術だと思っていた。舟上で十二羽近い鵜に漁撈をさせるとなると鵜縄を鵜に掛けているので鵜の行動を制御することは至難の業である。そのため二羽がペアリングで同じような行動をするとなれば手綱が交錯することを避けることができるので効率があがる。鵜縄（手綱）を鵜に掛けるのは、日本の山野における鵜飼では、川の流れが早いので鵜は分散して収拾がつかなくなる恐れがあるためと言われてきた。確かに中国のように流れの緩慢な大河での鵜飼は鵜縄がなくとも分散しにくいのかもしれないので、日本の鵜飼の特徴であると当初は思っていた。しかし、中国の鵜飼は小さな河川で流れがかなりあったとしても鵜縄を使わない。従ってこの鵜縄の有無は川の流れの速さではなく別の要因によって差異が生じたものと思われる。いずれにせよあらゆる鵜飼の漁撈の効率を上げる基本的な技術は二羽を一緒に行動させるペアリングという技法に依存しているのではないか。配偶行動を模倣して雌雄に関係なく擬似的な配偶関係を作るという「自然をたわめる」技術が「片風切り羽の切除」などとともに鵜飼技術の枠である。

さて自然への人間の働きかけを「自然を生かす」、「自然をたわめる」というレベルで見てきたが次に述べるのは「自然を変える」技術である。日本では野生植物に対して栽培植物、野生動物に対して家畜という言葉が普通であるが、その過程である栽培化、家畜化の両者を併せて使うことのできる概念、ドメスティケーションといった方がわかりやすい。このドメスティケーションの過程では様々あったであろうが最終的には生殖に人間が関与することが大きな特徴である。しかし関与の程度は対象とする種によって大きく異なっていて、ほとんど自然任せのようなものから徹底した生殖管理をするものまで種によって、また動植物によって関与の変異幅は大きい。「自然を変える」技術の大きな分野が、このドメスティケーションである。もう一つの「自然を変える」大きな分野が本来その野生生物がもっていた生物世界の中ので地位（ニッチ）や生息域（ハビタット）を大きく変えてしまうもので、特定の作物だけ作るプランテーションなどを考えればいい。本来熱帯降雨林の中で分散して存在していたコーヒーの原種が、コーヒーのプランテーションという本来のニッチやハビタットとも関係ない人間に都合のいい人工的ニッチと人工的ハビタットの中で作物として生きることになった。こうしたことも「自然を変える」技術と見なしてみると、農業・遊牧（牧畜）・漁業・林業など主として人間の食糧をまかなう生業は「自然を変える」技術と見なすことができる。

農業や遊牧を支える農地や放牧地は、農業や遊牧という「自然を変える」技術によって地球上に出現した新たな環境である。日本人やアメリカ人が年間に使うエネルギー量をそれを生産する農地の面積に換算するとどのくらいの農地が必要なのか。それを表す数字をエコロジカル・フットプリントと言うけれど、これで計算するとすでに地球の面積を超えているという試算さえある。いずれにせよ「自然を変える」技術の主要な二つの技術であるドメスティケーションと人工的ニッチ・人工的ハビタットは人類の存続さえ脅かしかねない深刻な問題である。

生物的世界というのは、膨大な生物の種数から成り立っているが、人間が利用するドメスティケーションされた動植物はほんの一握りである。このドメスティケーションの成立過程は人類学の解くべき大きな課題であるが、数少ない種しかドメスティケーションされていないことは意外に知られていない。[17]その数少ない人間に役立つ動植物の繁殖・育成のためまた膨大な人工的ハビタットつまり農地や遊牧地が用意されることになる。

欧米の十九世紀から二十世紀にかけての帝国主義・植民地主義による近代化以前の外部の社会への侵略は、増え続ける人口を養うために農業生産が追いつかなかったことが最大の原因であろう。というより増大する人口の糊口をしのぐために食糧を外部に求めた結果が帝国主義・植民地主義をとらざるを得なかったと言うべきであろう。欧米的な近代化に追いつこうと必死であった日本も時間的には少し遅れるが、アジア・太平洋戦争の敗戦に至る軍国主義・植民地主義による満洲国成立の経済的な要因は食糧不足と人口問題であったことは疑いない。[18]日本の敗戦や一九六〇年代のアフリカ諸国の独立後においても、あからさまな侵略こそないものの第三世界への経済的なグローバリズムの浸透はポスト植民地時代以降も続いている。欧米・日本に代表される欧米的な近代化への懐疑や反省なくして、ポスト植民地時代の地球の有り様は考えられない。それは基本的には増加を続ける人口の食糧生産のためであるが、これで生物的世界の基本的な原理である生物多様性を維持する地球レベルのエコシステムが機能していくかどうかの大きな問題である。おそらく人類は外力によってではなく自ら招いた原因によって破滅に向かっていることは間違いない。それはかなり遠い先の話であったとしても、すでにその兆候は明確であろう。

長い間、アフリカ農耕民を調査してきた掛谷誠は、アフリカの農耕民が直面している問題として欧米化という近代化が唯一の近代化なのかという根本的な問題を提起してきた。彼はタンザニアの焼畑農耕民トングウェの調査、ザンビアの農耕民ベンバの調査を長く行ってきたが、彼らの生活様式を先進国側の生活様式と比較している。次頁の表はこの二つの生活様式の相異をさまざまな項目について対比的に描き出している。日本を含む欧米先進国の生活様式を集約的生活様式（インテンシブな生活様式）とし、アフリカの焼畑農耕民の生き方を非集約的生活様式（エキステンシブな生活様式）と規定している。掛谷の対比させた二つの生活様式の多数の項目は、各項目が独立しているのではなく相互に深く関連している。そして二つの生活様式こそ、そこに生きる人びとの文化・歴

表1　二つの生活様式（掛谷誠「焼畑農耕民の生き方」より）

非集約的生活様式（エクステンシブな生活様式）	集約的生活様式（インテンシブな生活様式）
非集約的農耕（エクステンシブな農耕）	集約的農耕（インテンシブな農耕）
低人口密度型農耕	高人口密度型農耕
「労働生産性」型農耕	「土地生産性」型農耕
多作物型	単作型
移動的	定着的
共有的（総有的）	私有的
自然利用のジェネラリスト（農耕への特化が弱い）	自然利用のスペシャリスト（農耕への特化が強い）
安定的	拡大性
最少生計努力（過小生産）	最大生産努力（過剰生産）
平均化・レベリング	差異的
遠心的	求心的
文節的	集権的

史・自然に深く根ざした「生き方」の原理だとしている。この「生き方」の原理は、最小生計努力（過小生産）と最大生産努力（過剰生産）に集約されている。[19]

掛谷がトングウェのモノグラフを発表した時、人間の社会にこうした有り様が存在するのかと驚愕したのであるが、アダム・スミスやカール・マルクスなどヨーロッパ起源の経済学では、人間の普遍的な性質として、人間が常に富を求める存在であり、最大生産努力に向かう存在であることは所与の前提であった。しかし、この論文で提示されたものは、人類社会の進化の中にはそうした方向を原理的にとらない社会が存在することを実証的に示して見せたのである。こうした人間社会の存在を、勤勉と禁欲のキリスト教的世界に対比させて、怠惰な文化であり(アジア的)停滞した社会とそれこそオリエンタリズム的な見方が欧米の通常の思考であったのであり、これは現在も続いていると考えなければならない。

現在の経済・政治のグローバリズムをコロンブス以降の西ヨーロッパを中心とした一つの壮大な世界システムが各地域の未開発な地域を低開発化していく過程と捉えるのが近代世界システム論である。この論に依拠する川北稔の「世界システムのゆくえ—移動する中核と周辺—」[20]の議論は一種の近代化批判であるが、掛谷などが提起した近代化論批判と根底的なところで響き合う。川北は「〈中核地域〉の〈経済発展〉はつねに〈周辺〉地域の〈低開発化〉と、一枚のコインの裏と表の関係にあったのである」と考え、南北戦争前のアメリカ南部の奴隷制綿花プランテーションやカリブ海域の奴隷制度などはグローバルな分業体制であり決して遅れた前近代の遺制ではないという。また鎖国日本を世界システムへの吸収つまり従属的な「周辺」としての吸収に抵抗して、隠遁をめざした例としている。現在、東アジア経済が台頭しているが、これを世界システムとの関係で川北は先の著書の中で次のように述べている。

アメリカのヘゲモニーが衰退しつつあることは明白な事実として、それでは「ポスト・アメリカ」の世界はどこへ行くのか。

この問題については、当面三つくらいのレヴェルの考え方がある。アメリカに代わってどこかの国が、世界システムのヘゲモニーの握るだろうという見方が一つ。これに対して、一八世紀末から欧米で起こった産業革命の対比できるような現象がどこかで起こり、その地域が欧米に代わって「勃興」するだろうという見方がいま一つの立場である。第三には、一六世紀以来の近代世界の構造そのものが壊れてしまい、われわれのまったく知らない世界に移行するという見方がある。つまり世界システムのヘゲモニー国の交代だけがあるのか、中核地域全体が、たとえば欧米から東アジアに移動するのか、システム全体が崩壊するのか、ということである。

世界の現状が、資源や環境の問題を中心に、地球規模の閉塞状況となっていることを考えると、単純にアメリカに代わるヘゲモニー国家探しをしたり、「アジアの勃興」を説くだけでは、はなはだ不十分と言わなければならない。自己の「開発」を進めつづける中核地域が、アメリカのままであるにしろ、アジアになるにしろ、「周辺」地域を食糧・原料植民地として「低開発化」しながら展開するという、「近代世界システム」の構造そのものが、存続しつづけることが不可能になりつつある可能性がきわめて高いのである。

この議論は掛谷の提起した二つの生活様式の対比が、非集約的農耕を支える生活様式が集約的農耕を支える生活様式を批判するものとして捉えることもできる。つまり川北の引用文章の最後のところ「「周辺」地域を食糧・原料植民地として「低開発化」しながら展開する「近代世界システム」の構造」をどのように批判し、どのように克服していくかということが掛谷の欧米型農業近代化論への最大の批判点である。つまりこの表の左側のあり方はそのまま欧米の文化を支えてきた農耕社会の近代化論を批判していると考えられる。欧米型近代化を地域性や歴史性を無視して他の地域に外挿すれば、集約農耕を特徴付ける諸要素が非集約農耕の諸要素を破壊・変容させてしまう。これがかなり不可逆的変化となるので問題は大きくなる。第三世界や中進国と呼ばれる国家が欧米型近代農業を採用するとかつて欧米が国内民主主義で国外帝国主義・植民地主義となったようにこうした国が同じ経過を辿ることになることこそが最大の問題である。

右側の欧米の近代化された農耕は、例えば高人口密度型農耕であり、高密度人口を支えきれなくなると外部社会への侵略にはじまり果ては帝国主義や植民地主義によって食糧を収奪する方向にいくことになる。「土地生産性」型農耕は元々欧米の農耕が中緯度から高緯度で発達した方式である。この農耕自身は中緯度から高緯度にかけての生物的世界を含めての環境に適応的な農耕形態であった。ただ「土地生産性」型農耕には単作型、定着型、大規模型農耕への志向を内在させていたことが大きな問題であった。アイルランドのジャガイモ飢饉はジャガイモの単一品種による単作型農耕の結果であるが、飢饉後に人びとのアメリカ大陸への移動を引き起こしたことは有名である。最大生産努力が過剰生産になった場合は、敗戦後の日本へのアメリカによるコムギ輸出量の戦略的増加など引き起こす。給食によるパン食普及を図ったアメリカの穀物メジャーの暗躍は有名である。しかし何と言っても現在の地球環境問題の重要な問題である生物多様性への集約的農業のもたらした影響こそ欧米的農業の近代化論に対する最大の批判となるであろう。それは中緯度から高緯度で発達させた集約的農耕は、潜在自然植生が種の多様性は低く、同種の現存量はきわめて大きいという特徴に依存したものである。つまり同一の作物を大規模に作りやすい植生学的な特徴をもっている。しかし、赤道に近い低緯度地帯に発達した熱帯降雨林地帯あるいはそれに隣接する亜熱帯域などに発達した農耕はまったくそれとは異なるものである。

掛谷の調査したトングウェの農耕社会は、「希薄な人口密度で暮らすトングウェ族は余剰作物の生産を極力避け、強い互酬性志向をもち、平等性の強い生計システムを形成している。その一方で、農耕の特性から、ときとして妬みや恨みといった社会的葛藤が発生し、それが呪いという形をとって表現される。その呪いへの恐れが食糧や財の平準化を押し進め、余剰の蓄積や偏在化を妨げている」(21)と寺嶋秀明が簡明にその社会を要約している。この社会を遅れた社会と見なすのが今までの考えであったが、どうやらこの社会の有り様が欧米の近代化を根本から批判する農耕社会の有り様であることに多くの人が気づき始めた。掛谷はその後アフリカの非集約的生活様式からアフリカ独自に発展したアフリカ型集約的農耕に着目し、アフリカ的な内発的発展論を考えるようになる。その素材の一つになったのが私が調査してきたエチオピアのコンソ社会であったのである。

以上述べてきた論点を意識しつつ、ここではアフリカ型集約的農耕によく似た農耕社会の傾向をもつ海南島のリー族の農耕を比較対象の地域として取り上げてみたい。アフリカ型集約農耕は非集約的農耕から自生的に発展したと思われるが、この農耕が如何に欧米の集約的農耕と異なっているのかという点が、「自然を変える」技術という観点から見るともっとも重要である。

欧米の集約農耕とアフリカ型集約的農耕のどこがもっとも異なった点であろうか。それは掛谷の表のうちの「労働生産型」農耕、多作物型、自然利用のジェネラリスト、平均化・レベリングの相互に関連する四つの項目がそれに当たる。このことを説明するためにコンソの在来農業である栽培植物と畑への植栽方法、及び海南島リー族の在来農業である栽培植物と畑への植栽方法を図示してみよう。

エチオピア・コンソ社会における農耕の特徴はすでに論文「エチオピア・コンソ社会における農

耕の集約性」(22)として発表したが、表は調査してきたコンソのサウガメ村における栽培植物の一覧表である(左頁の表)。これらの作物を「自然を変える」技術の結果である畑にどのように栽培するか。それを示したのが図「コンソの作物の混植農耕」(152頁)である。コンソにおける農耕は基本的には天水農耕であるが、図に示したのは、同時期に植栽されている作物である。ここではコーヒー、キャッサバ、ジャガイモ、モロコシ、キマメ、サツマイモ、シャラギッタ、トーモロコシ、チャッテーダの九種類の作物が植えられている。畑の断面が描かれているが、モナは畑の高いところ、コルバは低いところであるが、天水農耕なので比較的保水の長いコルバと乾燥しやすいモナでは植える作物が異なる。モナにはキャッサバやサツマイモなど乾燥に強い作物、あるいはコーヒーやチャッテーダなどの換金樹木を植える。コルバにはモロコシやトーモロコシなど主食チャガの材料になる水を要求する作物を植えている。この図は模式的に書かれているが、この植栽の最大の特徴は、畑の中に作物が雑然と播種されている状態であり、ある特定の作物の収穫は、その作物一本一本を他の作物と選り分けて収穫しなければならない。簡単に言えばコンバインで一斉に収穫できないわけで、かつての稲作のように鎌で次から次に刈り取ることさえできない。とんでもない面倒な収穫方法を強いることになるこの畑での作物の栽培方法こそ、長い間コンソの農民が実験してきた方法なのである。おそらくこの方法をとることによってある作物が病気や天候によって不作になったとしても別の作物が収穫を代替する。つまりこの畑での栽培方法は作物の出来不出来のリスク分散を行っている巧みな方法なのである。この方法を次のリー族の栽培方法と比較して、作物の混植法と呼んでおきたい。

表2　サウガメ村の主要栽培食物一覧

コンソ名	和名	備考
ウンダ	モロコシ	醸造酒チャガ、ダマ
カッパ	コムギ	醸造酒チャガ
ボコローダ	トーモロコシ	醸造酒チャガ、ダマ
モッカタ	キャッサバ	醸造酒チャガ、エドダ
パガンナ	コンニャク	醸造酒チャガ
パーサ	ヒモゲイトー	醸造酒チャガ
パラッシャ	シコクビエ	醸造酒チャガ
カシェナ	ヒマワリ	醸造酒チャガ
シューヘダ	ベニバナ	醸造酒チャガ
ティニッシャ	サツマイモ	エドダ
クッルマ	ジャガイモ	エドダ
ポッテーダ	カボチャ	エドダ
クルデーダ	キマメ	エドダ
ネッカタ	レンズマメ	エドダ
ヒダナ	ヤムイモ	エドダ
サルドーダ	ヒヨコマメ	エドダ
ハガラ	アブラナ科	ダマ用葉菜
テイリャ	キャベツ	ダマ用葉菜
ミットミッタ	トウガラシ	香辛料
トューマ	タマネギ	香辛料
ニャンニャン	トマト	香辛料
フートダ	ワタ	織物
タンボーダ	タバコ	換金用作物
ラハンナータ	ヒョウタン	容器の素材
ムーセダ	バナナ	換金用作物
プニッタ	コーヒー	葉はホラ、豆は換金用
アガタ	サトウキビ	換金用作物
パパヤ	パパイヤ	換金用作物
デュバナ	エンセーテ	換金用作物
	（学名）	
シャラギッタ	*Moringa stenuputera*	ダマ用葉菜
ゲーショダ	*Rhamnus prinoides*	酒用発酵促進
チャッテーダ	*Catha edulis*	換金用嗜好品

ダマはモロコシなどの団子で、野菜と一緒に煮て朝食べるもの。ホラはコーヒーの葉を煮出して塩を入れた朝食用の飲料。エドダは4回の食事の最後のものを言い、マメやキャッサバなどを煮たもの。

図5　コンソの作物の混植農耕

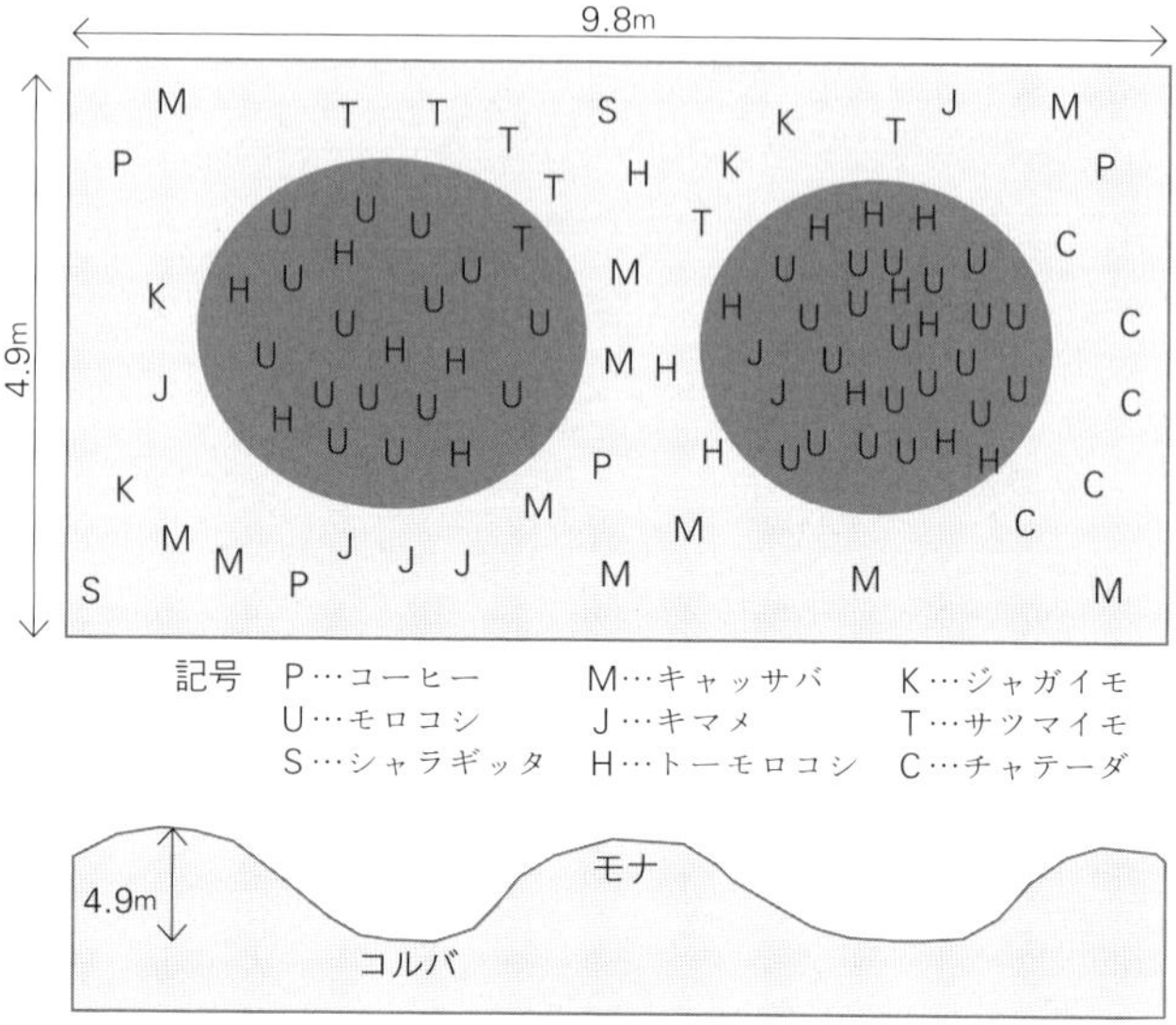

コンソのサウガメ村は標高一八六〇メートルの山塊の頂上にあり、畑はこの頂上から山麓に向けて円錐状に下に展開し、すべての畑は玄武岩の石垣で囲われたストーン・テラシングになっている。山塊そのものが植物にとっては不毛な玄武岩の露出した状態であり、潜在自然植生はアカシヤ・ウッドランドであったと思われる。コンソの栽培する作物の表（上掲）は、ストーン・テラシングの一つの畑に年間を通じて植栽されている作物を示しているのである。表でみるように調査時点で三十二種の作物を蒐集しているが、畑にはいろいろなパターンでほぼ十種類程度の作物がこの中から選別されてストーン・テラシングに混植されているのである。これだけで欧米や日本の

集約農耕における畑や水田の一筆の有り様と異なることは理解できるであろう。これは遅れた農耕方式どころかきわめてすぐれた方法と言わざるを得ない。

コンソの山上の村とストンテラシングの畑。

もう一つリー族の畑の栽培方法をみてみたい。海南島リー族の調査は、一九九九年から四年間にかけて行った。この調査は日本学術振興会未来開拓学術研究推進事業『アジア地域の環境保全』の中の「地域社会に対する開発の影響とその緩和方策に関する研究」プロジェクトとして実施され、研究代表者は当時東京大学大学院医学系教授であった人類学者・大塚柳太郎さんであった。海南島で調査したメンバーは六人であったが、私と西谷大さん（現在、国立歴史民俗博物館教授）は島の真ん中にあたる山中の初保村をフィールドとしていた。この調査は、『中国・海南島―焼畑農耕の終焉―』[23]としてまとめられている。海南島のリー族の社会も変容が著しく、いわゆる伝統的な農耕はどんどん換金作物であるバナナ、ライチ、パラゴムなどの経済作物中心に変化していた。

リー族は水田と焼畑・常畑そして狩猟採集という生業を複合させた生活様式をもっていたが、最近は水田と常畑だけの生業になりつつある。そして海岸部の都市や中国大陸への出稼ぎもその比重を増しつつある。リー族のもっとも伝統的な焼畑での栽培植物と栽培方法を示したのが次頁の図である。この図は焼畑によって開かれた一筆を示しているが、リー族の焼畑の特徴をよく示している。一筆の中の栽培植物は、山欄稲、パラミツ、バナナ、マンゴウ、パパイア、バンジロウ、ライチ、リュウガン、キャッサバ、コショウ、キマメ、ヤムイモ、パイナップル、ヤシ、サツマイモ、カボチャ、トーモロコシ、タロイモ、アズキ、ヘチマ、キワタの二十一種類である。一つの作物は一筆の中でまとめられて植えられているので、一筆の中にさらに小さな畑があるように見える。この開かれた焼畑の中には多くの熱帯果樹があるが、これらの熱帯果樹は換金性が高いので最近流行で植えられるようになった。その他の作物は伝統的な作物であるが、山欄稲だけは特別である。これは陸稲であるが、リー族はこの陸稲から一種の濁酒である山欄酒を造る。これはリー族の儀礼や宴会にはなくて

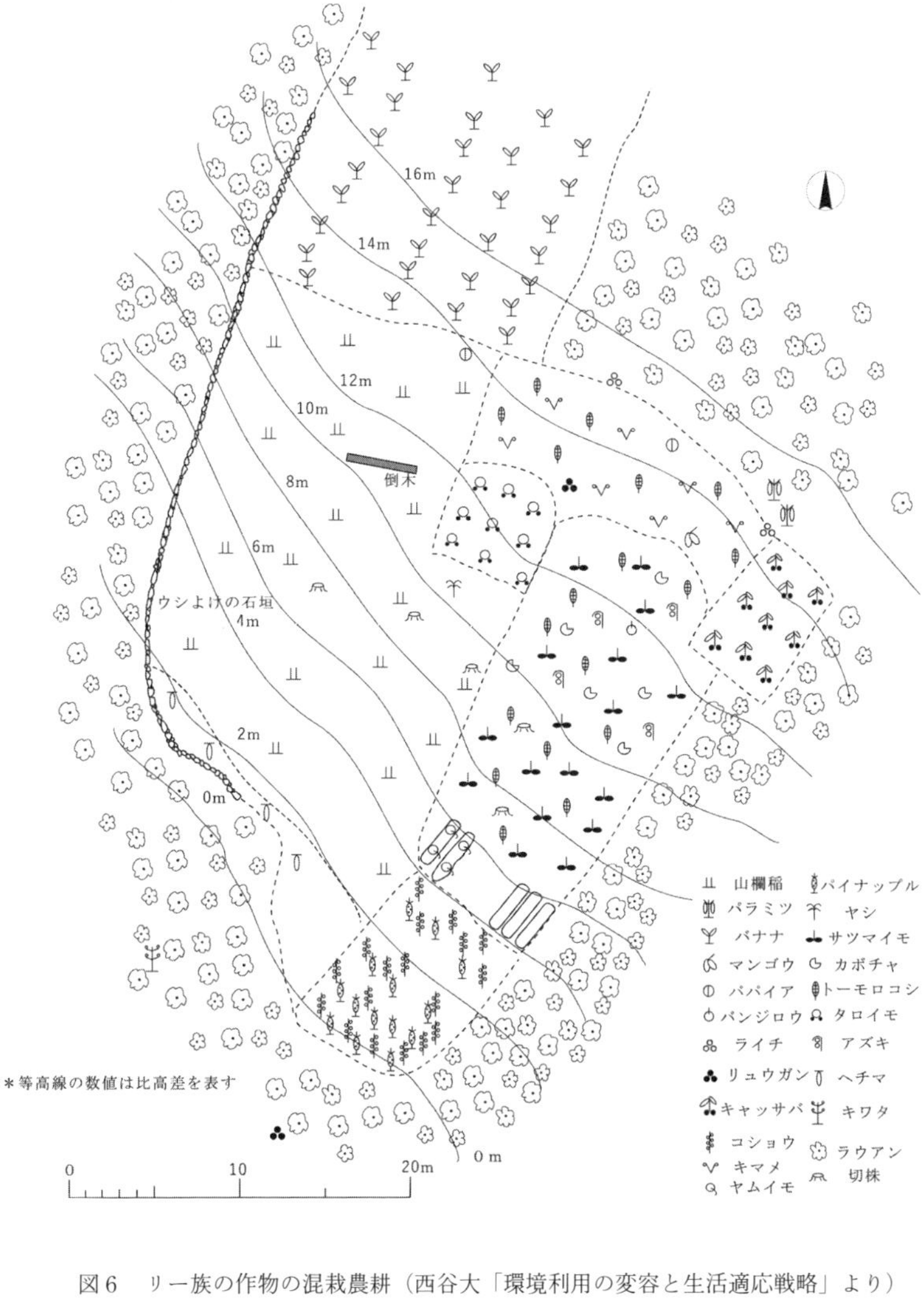

図6　リー族の作物の混栽農耕（西谷大「環境利用の変容と生活適応戦略」より）

はならないものである。もちろん最近では蒸留酒である白酒（パイチュウ）が漢族より入ってきて、こちらの方が日常的にはよく飲まれている。

コンソの畑の栽培植物と栽培方法を混植農耕と呼んだけれども、リー族の焼畑の栽培植物と栽培方法はコンソのように畑の中に多くの作物をバラバラに播種はしない。一筆の中で一本から数本で間に合う熱帯果樹を除けば、作物はある程度まとめられて植えられているので、混植農耕に対して混栽農耕と呼んでおきたい。このコンソの混植農耕もリー族の混栽農耕もいわゆる混作という農耕方式に入る。アフリカの在来農業には混作がしばしばみられるが、これについては重田眞義がその適応的意義やその問題点を指摘している。(24) 混作の意義として、①危機的環境変化に対する保険になる。②栄養バランス、食生活の多様性を提供する。③多数の用途に対応する。④長期間にわたって収穫物を得るの四点を挙げている。コンソの混植農耕もリー族の混栽農耕も確かにこの四点について同じような混作の意義を満たしている農耕方式である。

在来農業というとただちに自給的農業であり近代化とはほど遠い遅れた農業であるというイメージがあるが、コンソの混植農耕もリー族の混栽農耕もまったくそれとは異なり、むしろきわめて合理的で進んだ農耕とさえ言える。海南島を飛行機の上からみると亜熱帯雨林かと見紛うほど緑の森林が島

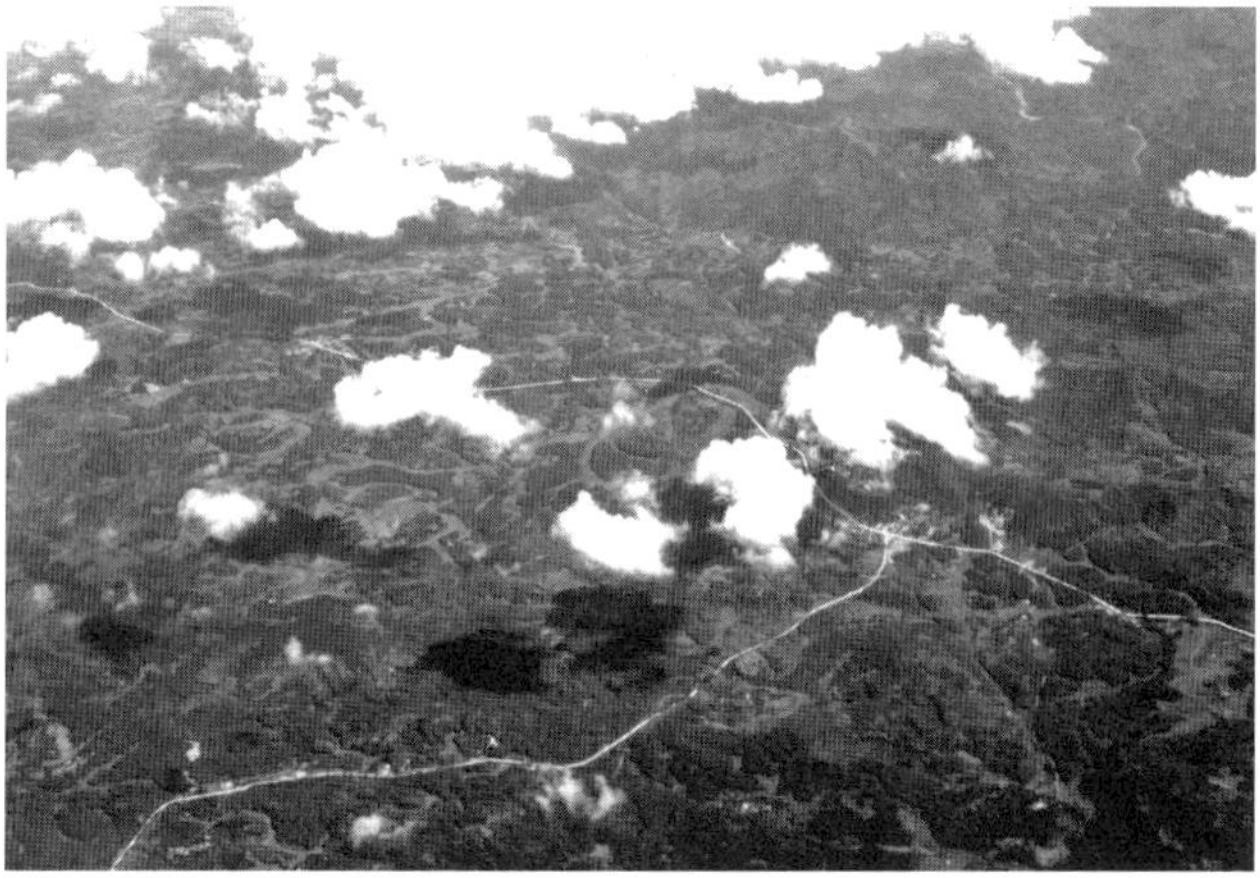

機上から見た海南島。森林がよく残っているように見えるけれども実は樹木はすべてパラゴムであり、畑はキャッサバが作られている。典型的なプランテーションである。(国立歴史民俗博物館・西谷大氏提供)

を覆っている。しかし、リー族の伝統的な焼畑農耕を残しているところ以外はこの緑の大森林はすべてパラゴム林なのである。現在も飛行機のタイヤは合成ゴムではなく天然ゴムでなくてはならないためパラゴムの需要がある。そのため近代化したヨーロッパ起源の農業・林業と思われているパラゴムのプランテーション的な樹林が海南島全域を覆っている。しかし、このプランテーションは欧米の中緯度から高緯度の植生から発想されたもので、熱帯・亜熱帯域では生態学的に無謀な農業形態ではないかと思われる。昨今の資源・環境の持続的利用という点から言うといつか破綻することは目に見えている。資本をもつ国が外部を低開発化にとどめて利潤だけを得る帝国主義的・植民地主義的なプランテーションは、熱帯・亜熱帯域において大規模な茶、パラゴム、綿、コーヒー、

図7　種類と面積の関係

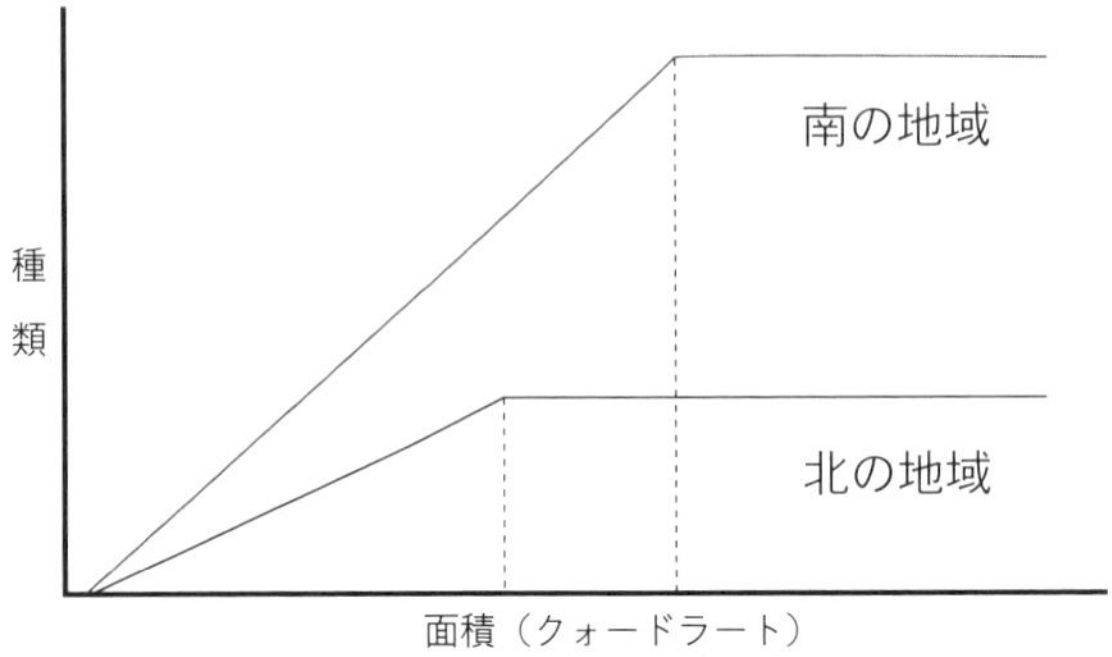

タバコなどの農園を作り続けてきた。この動向は第三世界の独立後は直接的な経営はなくなったが、あいかわらず多国籍化した企業によって続けられている。

一般的に言って、生物の種類数と面積の関係を模式的に示すと上掲図のようになっている。この生物の種類数と面積の関係性を示すこの図は、一般的に南の地域と北の地域の生物的世界の有り様の相異を示すだけではなく、それらの地域の農業・漁業・林業と生物世界との適合的な有り様と大いに関係している。北の地域では一定の面積内の生物の種数は比較的小さな面積で種数は増加しなくなる。それに対して南の地域ではかなり大きな面積をとってもその中の種数は増加し続け、種数が一定になるのはかなりの広大な面積になってからだと言うことである。プランテーションという大規模面積で単作的農業経営がいかに北の生物的世界に適合的であり、逆に南の生物的世界と不適合なものかは判然としている。つまり北の生活原理であるプランテーションを南の生活原理に地域に暴力的に外挿してきたのが欧米中心の近代化された農業と言われるのものである。(25) このことが引き起こしてきた最大の問題こそが地球上の生物多様性減少やCO_2増加であり、最近ではさらに食糧生産と競合するバイオ燃料までプランテーションによって生産しようとしている。生物多様性の重要性や生物的資源の持続的利用の観点から、熱帯や亜熱帯での欧米的近代化は否定されるべき農業である。ここまで述べれば、コンソの混植農耕やリー族の混栽農耕が如何に理にかなったものであることは言をまたない。これらの農耕方式が存続してきたという事実そのものが、いかに長い年月をかけて農民が実験を繰り返した結果であることを証左している。アフリカの農業に関するすぐれた人類学的研究を行ってきた重田眞義は次のようにこの点について述べている。

農学的な実験研究の主題をみると、その多くは実際には、科学者が農民のすでに知っていたことを取り上げて、部分的に後追いしながら「科学的」に確認していることが多い。根粒菌を共生させるマメ科植物が土壌の肥沃度回復に効果があることは、その根拠を「科学的」説明できなくても、結果として作物がよく育つことを農民は経験を通して知っていた。農民こそが「実験」を積み重ねてきたのだと言うことができる。証明されるべき命題と仮説はすでに農民の側にあり、その命題を解くと称して、科学者は「科学的」説明を与えているにすぎないことが多い。(26)

近代農学や植物分類学を学んだ人類学者としての発言だけに重田の言う言葉は重い。確かに農民こそが長い年月実験をしてきたということを考えれば、熱帯や亜熱帯はもちろんそれ以外の中緯度や高緯度においてさえ農民が営々と築き上げてきたエスノサイエンスは重視されなければならない。コンソの混植農耕やリー族の混栽農耕は、近代農業の側こそ学ばなければならない農業である。これが長期間、安定的に収穫を得ることができる農耕システムであったために、はからずも環境保全型農業になっているのは当然であった。そうだとすれば、こうした地域の農業の近代化とは、いわゆる欧米的近代化の具体的な方策である機械化・化学化・装置化・大規模化・専門化・単作化を行うことではない。地域と在来農業のあり方との間で何を機械化し、どの程度化学肥料を使うか、近代化の項目を選択的に取り上げ欧米的近代化と在来農業との調和を図るべきであろう(27)。

人類が遙か彼方の遊動的生活様式からやがて定住化することが可能になり、その定住の経験の中から農耕と遊牧という技術を発見し、それを生活様式の中に取り込むことになった。この生活様式はそれ以前と比べて格段の食糧増産を人類にもたらし、その余剰生産物が人口増加を可能にした。それでもこの方式はそれ以降産業革命を待つまで漸増的な人口増加であったが、産業革命によって帝国主義・植民地主義によって生態学的暴力と言っていいような植民地やその周辺のプランテーション化によって欧米の中核的な国々の急激な人口増加分の食糧を支えてきた。そしてこのプランテーションという無謀な生態学的暴力が今度は独立した国の人口増加分の食糧をまかなうために農業近代化の掛け声とともに大規模な森林伐採という環境破壊を引き起こしている。このことが現在人類の資源と環境に破局的な影響を与えるようになり、地球上の農地や遊牧地は大きな問題を抱えるようになっている。

「自然を変える」技術を遺伝的改良を含むドメスティケーションではなく、農地や放牧地という特定の作物や家畜のために新たなニッチを作る技術を中心に見てきた。これがもはや限界に到達していることを我々はそろそろ認識する必要がある。経済的成長こそが貧困からの脱出の唯一の方法であるという神話はもうすでに破綻している。欧米や日本の選択する道は、さらに進んだ人口減の社会を目指すべきだし、開発途上国を経済的に従属化させて食糧・原料の植民地化することはもうやめるべきである。何よりも欧米や日本のいわゆる近代化された農業や牧畜のための農地や放牧地と生物多様性や温暖化との関連性が問われるべきであり、そここそが諸悪の根源だと思われる。そのことを解決しなければ、開発途上国にはものは言えないはずである。

私たちが開発途上国に対してサジェスチョンできるのは、欧米起源のプランテーションを始めとした欧米的近代農業ではなく、在来農業と近代農学の協業によるもう一つの農業や漁業の近代化を模索すべきではないかということである。その在来農業とはたとえば例に挙げたコンソの混植農耕やリー族の混栽農耕というその地域が育んできた生態学的に理にかなった農法かどうかを近代農学によって検証して、ブラッシュアップした新しい農業を創造することである。

「自然を変える」技術とは人口増加のための食糧増産のための作物の新たなニッチとしての農地や遊牧地を作ることである。もう一つの「自然を変える」技術は遺伝的改良を含むドメスティケーションであるが、これも人為的な遺伝子操作は無限に可能かという問題まで問われるようになってきている。こうしたことがどこまで可能なことなのか大きな問題である。しかし明確なことはこうした方向を進めることが生物多様性や温暖化の解決とは反対方向に向いていることである。地球上に一種だけが異様に繁栄する人類というのは、地球上の他の生物も巻き添えにして絶滅に向かう予兆なのかもしれない。人間というただ一種の人口増加とその食糧をまかなうために、この事態がどんどん進行している気がしてならない。

生物多様性こそがヒトと地球を救う革命的な思想であるということが謳い文句であるデヴィッド・タカーチの『生物多様性のいう名の革命』[28]は確かにその重要性を生物学的に訴えている。しかし、この著作の最大の問題は、欧米や日本などの先進国の生物学者が、自分たちの文明の中の農地や放牧地のあり方を問い直すことなく、欧米や日本以外の第三世界の生物的世界の有り様を論じていることである。

この章の最後に「自然を創る」技術ということについて簡単に述べておきたい。これはまだ試論以上の域を出ないことだということを断っておきたい。自然と人間の関係性を自然からエネルギーを取り出す技術という観点から四つの類型を設定した最後の類型になる。これは人類史の中で累積的重層的にほぼこの方向に人間の歴史が経過してきたことも示しているが、「自然を創る」技術は人類の絶滅ではなく絶滅を延長させる方法はこれ以外にないのかもしれないと思っているものである。

日本列島の近世というのは幕藩体制という制度の下で鎖国を行っていたので、基本的には列島内外との物流がない列島内での自給自足体制と考えていい。その意味では鎖国は日本のような中緯度地帯で基本的に農業によって成り立つ社会が自給自足でどの程度の人口を養えるのか壮大な実験をしてきたことと同じだと言ってもいい。近世の初期から中頃までは人口は一千万人から三千万人まで増え[29]、それから幕末までは人口増加は起こらず幕末の三千三百万人まで定常的状態が続く。農業の近代化とは基本的には化石燃料を始めとした地下資源に依存する方法であるが、近世の農業社会は山野河海の地上の自然資源に依存した社会であった。従って幕末の頃の日本は山野は禿げ山ばかりとなり現在の知見からすれば相当ひどい環境破壊が進行していた[30]。日本の近代は百五十年経過したが、一九四五年以前の約八十年は一つの国内戦争と三つの対外的な侵略戦争を経験する中で農業の近代化が優先する社会であった。戦後は対外的な戦争はなく経済的に国外を相手の工業製品の輸出入による工業優先の社会である。戦後は農業生産性向上に頼るのではなく農産物は米以外海外からの輸入に頼ることになり、日本の山野河海の開発や乱伐などの自然破壊はむしろ減少した。戦後の人口増加や生活向上のために必要な開発や乱伐を日本の資本によって海外に振り向けたということが一方では起こっていることを念頭においておかねばならない。

さて日本の近代の前半も増加する人口を養うために国内の未開発地域の開拓と森林伐採は近世とは比べものにならないほどの規模と速度で進んだ。それは極端な言い方からすれば果てしなき自然破壊ではあった。しかし、人びとは自然資源の減少や枯渇にただ手を拱いていたわけではなかった。それがこれから述べる「自然を創る」という技術である。これはそれまでの「自然を生かす」「自然をたわめる」「自然を変える」という技術が人びとの知恵と工夫によるものであったのに対して、「自然を創る」技術は人びとによる民俗知識と近代農学との協業によるものであることが大きな違いである。

房総半島は東京湾側を内房、太平洋側を外房と言うが一周してみると他ではみられない森林の有り様に気づくはずである。房総半島は小さな山塊が海に迫っているところが多いが、そうした山塊にはマテバシイの純林が多い。房総半島はせいぜい五百メートルの高さの山々が連なる地域であるが、内部は意外に山深く感じるところでニホンザル、イノシシ、ニホンジカなどが多数生息する自然豊かなところである。東京大学の演習林のある清澄山の森林は保護林となっているのでこの森林が人間が手をつけずにいれば房総半島の本来の森林の有り様を示しているはずである。清澄山の森林は黒潮の影響を受けた典型的な常緑広葉樹林である。つまり西日本の森林類型である照葉樹林帯なのであり、森林組成はアラカシ、シラカシ、シイ、タブそしてマテバシイなどの混交林である。だから海岸近くのマテバシイの純林は照葉樹林の風衝地形に対する適応型なのではないかぐらいに思っていた。それが大きな誤解であり、海岸添いのマテバシイ純林は創られた森であることがわかった。

現在マテバシイの純林になっているところは人間が過度に利用する以前は清澄山に見られるような照葉樹林が海岸を覆っていたと思われる。この照葉樹を徹底的に伐採して利用する事業が明治のはじめに外房で起こった。国立歴史民俗博物館に勤めていた頃身近ということもあって同僚の西谷大さんたちとよく房総半島を歩いていた。彼は中国海南島に住むリー族社会における人と自然の関係性の調査や中国雲南省の紅河県の大棚田地帯の人と自然の関係の調査を十年近く一緒に調査してきた仲間である。房総半島の天津小湊の周辺を歩いていたとき偶然このあたりが明治時代の初めにサバのナマリ節を作る工場がいくつもあったことを知った。高知県ではカツオ節やカツオのナマリ節は現在でも有名だけれども、天津小湊のナマリ節も大消費地・東京を控えているので明治の一時期ナマリ節工場は隆盛をみたそうだ。ナマリ節を作るには相当の燃料がいる。サバを燻すのに使った薪や炭の材料が周辺の照葉樹林のカシ属やナラ属の樹木であった。あっという間に照葉樹林は伐採されて薪や炭の資源は枯渇してしまった。そこで登場したのがこれらの照葉樹林の樹木の中で生長が早く植樹が簡単なマテバシイであった。つまり外房のマテバシイの純林はナマリ節製造の燃料確保のため積極的に植樹された人によって「創られた森」であることが分かった。

外房のマテバシイ林がナマリ節製造の燃料確保のための「創られた森」であることは分かったのであるが、内房にもマテバシイ林は展開している。内房のマテバシイ林もナマリ節製造のための燃料として植栽され「創られた森」であったのであろうか。実はそうではなく近世後期から明治にかけて東京湾で盛んに行われたノリ栽培のとき使われる道具の素材のためにマテバシイは植栽されたものなのである。このことを知ったのは内房の過去の生業を展示した博物館であった。内房の木更津や富津あたりは近世から近代にかけてノリ養殖が盛んであった。このノリ養殖はいわゆる浅草ノリの養殖が盛んであった東京湾の大森海岸などがおそらく汚染で衰退して内房に新たに移ってきたものであろう。ともかく内房でノリ養殖は一時盛んに行われた。このノリ養殖とマテバシイ林が深い関係にある。

ノリは日本では古くから採取され食用として利用されてきた。ノリは八世紀の『常陸風土記』や『出雲風土記』に記載され、十世紀初頭の『延喜式』では朝廷への献上品として記載されている。このノリはウシケノリ目の紅藻類であるアマノリ類の仲間であろう。アサクサノリもこの仲間であるが、ヒビ立てによるノリ養殖は少なくとも十七世紀の終りには江戸周辺の海岸ではあったと思われる。現在は韓国でも中国でもノリ養殖はあるけれども、これは最近九十年ほど前からのことであり、それまでは日本にしかこのノリ養殖はなかった。それはアサクサノリをはじめとしてアマノリ類の生活史が分からなかったことによるが、日本では民間の人びとの経験知によって養殖栽培が可能になっていた。

ノリ養殖はノリの胞子を栽培する素材に植え付けて生長したものを採取する。現在では九州の有明海などが有名である。韓国の木浦あたりに展開する壮大な干潟などでのノリ養殖で分かるようにノリ養殖は干潟の発達したような海岸に適している。遠浅の海が広がっていれば栽培面積が増えるからであるが、この養殖に必要なものがヒビ立ての素材マテバシイなのである。

ノリの胞子を付着させる素材は古くは竹を使った。内房での聞き書きであるがどんな竹の種類かもう使っていないので分からなかった。これを竹ヒビと言っていたようだけれどもヒビという言葉はノリ養殖をしていた地域ではかなり広範に広がっていたようだ。竹の次に使われたのが木ヒビと呼ぶもので、この木こそマテバシイであった。次の段階は現在でも続いている網ヒビと呼ぶものの

出典『東海道名所図会』より「浅草海苔を取るは」の場面
（『大田区海苔物語』掲載、大田区立郷土博物館蔵）

であり、これを使うようになって木ヒビの方法は聞き書きでしか採取されないものになった。では具体的に木ヒビがどんなものであったのか知ることができるのであろうか。聞き書きの限界というのは聞き書きを取る側が使う側の生活や知識について無知であることが多いことから起こる。特に人びとの生活や生業が自然と関わる場面ではそれが多い。木ヒビの具体的な姿が分かったのは福田アジオさんが代表となって進めた神奈川大学21世紀COEプログラム「人類文化研究のための非文字資料の体系化」の成果報告書の一冊『日本近世生活絵引　東海道編』[31]の中の一枚の絵である。この絵は「26　大森の海苔採取」と題されたもので、ここで描かれている樹木の枝は解説では「浅瀬にナラやケヤキなどの木の枝で作ったヒビと呼ばれる養殖具を刺し並べて行った」とある。内房での聞き書きではこのヒビ立ての樹木はマテバシイがもっともいいものだと言われている。その理由は、マテバシイは生幹重量の比重が一より大きく干潟に刺し立てると浮き上がらないと言われる。そして樹状の広がり方の面積が広くノリ養殖に都合がいいと言っていた。この木ヒビの材料として内房ではマテバシイが使われ少なくなったので、外房と同じようにマテバシイが植栽されマテバシイの純林ができあがったというわけである。このように外房ではナマリ節を作るための燃料として、内房では木ヒビの素材確保のためマテバシイは植栽されてマテバシイの純林が海岸線に形成された。房総半島の海岸にみられるマテバシイ林は人と自然の共創による「創られた森」であったのである。実はこのあたりの事情はすでに森岡節夫氏がその著作『南房総のマテバシイ植栽文化―トウジイの歩いた道―』[32]で詳細に描いている。これまでに書いてきたマテバシイのことはこの著作を知る前に私自身による聞き書きなのであるが、人びとの生業や生活のために広大な「創られた森」の存在があることを知った驚きを述べたかったのが本意である。このような「創られた森」のような存在を知ると、そういう見方で自然を改めてみるようになる。そうするとこうした人びとの営為というのは房総半島のマテバシイ林だけではなく色々なところで「創られた自然」というものが見えてくるものなのである。そうした事例をごく簡単に紹介だけしておきたい。

現在私が住んでいるところは滋賀県近江八幡市なのであるが、この地域にあった六つの内湖のうち大中の湖、安土内湖、伊庭内湖、西の湖は長命寺山の東側に展開し、西側には津田内湖があった。少し離れて岡山の南側には水茎内湖があった。近世から徐々にではあるが湖岸は干拓されて水田が作られていった。しかし琵琶湖総合開発が一九七二年から始まり琵琶湖岸の内湖と琵琶湖は完全に遮断され、近江八幡市では西の湖を除きほとんど干拓された。明治二十年代の地図を見ると詳細は分からないが内湖の周辺には水田があり、これは人びとが営々と作り上げてきた内湖と接する浮田であったと思われる。この詳細を示す地図が残っていてそれをもとに津田内湖の湖岸の浮田を再現したのが掲載した次頁の図である。現在でも残っていれば東洋のヴェニスと言われ観光資源として賞賛されたことであろう。これがいいことかどうか別の問題であるが、琵琶湖総合開発によって、それまでの内湖と琵琶湖はつながりは完全に遮断されてしまった。

この「つながり」の意味が実は水の行き来だけではないところに大きな問題がある。それまでの開発は人間の等身大の技術によってきたので人間の生活・生業ばかりではなく生き物にとっても致

図８　地券取調総絵図にみる明治６年の近江八幡南津田村の湖岸の水田。
（近江八幡市蔵）

命的な変化ではなかった。海辺の潮間帯が生物の再生産や生存に欠かせない存在であるのと同様に、湖岸と内湖と陸地の関係も移行帯が生物にとっても重要な場であった。河川から土砂が流れ、堆積しその上にヨシ原できる。このヨシ原が広くなれば内湖が形成される。そしてそれは移行帯となるけれども、その上の植生が遷移してヨシ原になると人びとはここに水田を作ろうとする。いわゆる全国の大湿地帯や潟あるいは沼ではしばしばみられる浮田が作られる。近江八幡市の内湖では、このヨシ原をヨシ倒しという方法で水田を作ってきたようだ。もうそろそろ水田を作ってもよさそうなヨシ原で、ヨシを生えたまま根元から倒し、その上に内湖から掻き上げた泥を乗せる。このことを繰り返して水田を作ったという。

地図にみるような水田はこうして営々と拡大されてきたのである。いつ頃からこの方法で水田開発が始まったのかはっきりしないが、コンクリート工法で一気に内湖と湖の関係を変えてしまう方法ではないことだけは確かである。琵琶湖の魚類と内湖の関係や、湖岸の水田と魚類の関係に代表されるようにこの関係の変化は徐々であり緩慢な変化であったと思われる。従って人間の生業活動の生産性向上のための開発が、生物世界を破壊してしまうことはなかったと思われる。この内湖にみられる水田開発は他の生物の生活を破壊することなく、むしろ他の生物のニッチを増やしてきた可能性さえあるものである。その意味では「創られた森」と同様に「創られた湖岸（移行帯）」と言えるかもしれない。近代工法によって完全に破壊される前の内湖と湖と人間の生活をトータルに見ていく生活民俗誌を描くことによって、近代化によって何が失われたのか明確になると思う。

近代における琵琶湖の内湖と人の生活の関係は琵琶湖博物館の渡部圭一さんによって調査が進んでいる。このことが明らかにならなければ、琵琶湖の再生はありえない。現在「琵琶湖の保全と再生に関する法律」が二〇一六年度に国会を通過した。この法律の重要な点は「再生」という言葉が入っていることであり、行き過ぎた開発つまり行き過ぎた近代を反省し、もう一つの近代を目指すとすればこの渡部さんが書くであろう民俗誌は不可欠なものになる。

「自然を創る」ということが意外に多いということはこれからもどんどん発見されていくことだと思われる。沖縄にはそこかしこに南国的な景観を醸し出すソテツを見ることができる。ソテツの実が飢饉の時や貧困層に食べられていた話はソテツ地獄として伝わっている。有毒なので毒抜きを失敗して食すると死に至ることさえあったと言われている。しかし、生活者がこうした知識を知らないはずはなく、過度に誇張され宣伝された可能性は高い。それはともかくこのソテツは沖縄がかつて琉球王府であった時代に救荒植物として積極的に植栽された植物であることを最近知った。それは安渓貴子・当山昌直編『ソテツをみなおす—奄美・沖縄の蘇鉄文化誌—』(33)に収められている豊見山和行の論文「琉球王府による蘇鉄政策の展開」である。結論の部分が「創られた蘇鉄」を見事に表現しているので引用しておこう。

蘇鉄に対する旧来のイメージは貧困と結びついていた。しかし、そのような一面的な歴史像については再検討の余地がある。そのことを再考するためのいくつかの史実を本章では提示した。琉球王府が展開した蘇鉄政策によって、王国末には沖縄島と周辺の島々だけで七五万五一五一本の蘇鉄が植樹されていた。琉球国全体ではそれ以上の蘇鉄が植えつけられていたことは間違いない。

ソテツ林の多くはマテバシイ林と同じように人間の手によって植栽された「創られた自然」であった。「自然を創る」行為という民俗こそが人間の自然利用の中で今後重要性を帯びることは間違いない。ソテツ林やマテバシイ林とがプランテーションともっとも異なるのはソテツやマテバシイが本来そこにあってもおかしくない在来種であることである。外来種による生態学的撹乱やもはや生態学的暴力と言ってもいいプランテーションとはまったく異なる人間と自然のつきあい方だといってもいい。

以前人類学者が次のようなことを指摘していた。仮に人間一人を直径三十センチメートル、長さ二メートルの円柱と考えて、世界中のヒトを積み上げたら一辺どのくらいの立方体になるでしょうかと。こうした設問は意外性があるから出されるのであるけど、計算すればすぐ分かることである。一辺九百メートルの立方体なら、四五〇〇×三〇〇〇×三〇〇〇＝四十億五千万人、一辺九九〇メートルなら約五十三億九千万人となる。現在の地球上の人類の総量はたかだか一辺一キロメートルの立方体にすべて積み上がることになる。これが生物学的には現存量としてのホモ・サピエンスの量であるが、計算は人間一人分を比重一で考えると百四十キログラム（これは一人分としてかなり多いが）になるので、近い将来地球の総人口が七十億人になったとしても、一辺一キロメートルの立方体に十分入るのではないだろうか。

このホモ・サピエンスの現存量をどのように評価したらいいのであろうか。生態学で言うところの食物連鎖とエネルギー・ピラミッドの頂点にたつホモ・サピエンスが自然的な存在であったとしてもすでに破局を迎えているという考え方もある。それは人間の諸活動をエコロジカル・フットプリントという計量方法で換算してみることであるが、もはやこのホモ・サピエンスの現存量を支える地球の面積は一つでは不足しているかもしれないことに帰結する。エコロジカル・フットプリントというのは、まず一人の人間の一年間の平均消費エネルギー量を仮定する。この仮定を日本人の平均消費エネルギー量とするかコンソ社会の平均消費エネルギー量とするかでトータルの量は異なる。このエネルギー量と同等のエネルギー量を生産する農耕地の面積に置き換えて計算する。仮にこの面積を稲作とみて計算してみて、それに日本だけならば日本の総人口を掛け合わすことによって、日本という社会がどれほど地球上の表面の面積を必要としているかを共時的な数字として算出するものである。いうなれば地球表面は歴史的にみれば、自然植生であった地球の表面から、農耕地や放牧地あるいは都市や村といった人工的な生活空間を作り出した人為的な空間である。比喩的に言えば、人為的な空間とは地球上の表面にできたひっかき傷であるわけであるが、どのくらいの割合になれば火傷のように致死に至るのかという問題となる。もうこれは致死に至っているという人さえいるほど深刻な問題である。

人間の文明そのものを生態学的な視点で考えるといえばそれは梅棹忠夫の『文明の生態史観』を思い起こすが、エコロジカル・フットプリントの視点から考えてみるのも一つの視点であろう。エコロジカル・フットプリントを通時的なレベルで考えてみることを提起してみたいと思う。とりあえず日本に限定して人口をみてみると近代の出発点であった一八六八年では日本の人口は約三千三百万人ぐらいであったと言われている。中世では一千万人程度であったとされる。そして現在では約一億二千万人になっているのであり、近代の百五十年間に約四倍弱という驚異的な増加である。百五十年間に四世代から五世代経過していると見ると、この間の人間を積分するとどのくらいになるのか。人間が依然として食糧を自然に依存しているとすれば、人口にはオプティマムな数があるはずであるが、もはやこれは突破しているのではないかと思われる。日本社会が高度資本主義社会であり工業化された社会であるので、第三世界の国々を低開発化させて従属化してそこから食糧を得ていることが日本社会の中にいては可視的でないというだけで、地球レベルでみれば明らかに人口は超過している。これは数十年前にローマクラブが指摘したことである。

日本の人口のオプティマムな数字がどのくらいか算定することはむつかしいが、少なくとも他国を従属化せずに生きてきたことを考えると幕末の三千三百万人程度が妥当な数字ではないかと思われる。

人口を通時的に見てさらに積分した人口までもちだしたのは別の理由がある。食糧のことを考えると近代の人口の急激な増加分に見合う分を自国内で供給できなくなり植民地獲得という事態を招いたというのがエコロジカルに文明を見るということである。一九三一年石原完爾などの軍部の独走による満洲国建国（中国側では偽満洲といっていて国の存在すら認めてはいないが）は日本が遅れて採用した植民地主義の結果だという解釈が普通であろう。しかし、この満洲国建国の背景は、この時代の人口増加と食糧生産のバランスがとれなくなり、食べられない人口を満洲に吸収するという人口問題があったことが大きな要因となっていたにちがいない。

さらにこの近代化によって人間が作り出した都市の建築物や橋梁、港湾、道路そして生活財などの多くが半不可逆的な物質であるとすれば、総量としては人間の現存量よりはるかに上まるであろう。二〇一一年三月十一日に起きた東日本大震災は、現在の工学的な世界と農学的な世界に大きな打撃を与えたことは記憶に新しい。ここで無惨にも排出されてしまった瓦礫は行く先さえなく依然として山積みされてままである。しかし、工学的な世界や農学的な世界では、今までの方向である「強度」「耐用」「高速」「高層」を求める方向にさらに進んでいくと思われる。人類の未来とは一体どのようなものになるのであろうか。暗澹たる気持ちを抱かざるを得ない。

注記

（1）T．クローバー著・行方昭夫訳『イシ—北米最後の野生インディアン—』岩波書店、一九七〇年

（2）四手井綱英著『もりとはやし—日本森林誌—』ちくま学芸文庫、二〇〇九年、一五頁

（3）宅野幸徳「西中国山地における伝統的養蜂」『日本民具研究』日本民具学会、一九九一年／宅野幸徳「対馬の伝統的養蜂」『日本民具研究』日本民具学会、一九九三年／宅野幸徳「紀伊山地地方の伝統的養蜂」『ミツバチ科学』玉川大学ミツバチ科学研究所、一九九七年

（4）中尾佐助著『栽培植物と農耕の起源』岩波新書、一九六六年

（5）佐々木高明著『稲作以前』NHKブックス、二〇一四年

（6）篠原徹「苗族の穂摘具」、鎌木義昌先生古稀記念論集『考古学と関連科学』鎌木義昌先生古希古稀記念論文集刊行会、一九八八年

（7）坪井洋文著『イモと日本人—民俗文化論の課題—』未来社、一九七九年

（8）重田眞義「アフリカ農業研究の視点」『アフリカ農業の諸問題』京都大学学術出版会、一九九八年

（9）西谷大「大きな罠小さな罠」『アジア・アフリカ言語研究所』第六四号、二〇〇三年

（10）月川雅夫「解題」『木庭停止論』（日本農書全集・六四「開発と保全」一）農山漁村文化協会、一九九五年。『木庭停止論』の「解題」は対馬における殲猪令をだして猪追詰で八万余頭のイノシシを全滅させる前後の対馬の焼畑のありようを論じている。人間とイノシシの闘いつまり食物をめぐる人間と野生動物の奪いあいというのは前近代の社会では考慮しなくてはならない側面であった。この農書全集六四には『出羽国飽海郡遊佐郷西浜植付縁起』などが所収されているが、こうしたことはこの章の最後で「自然を創る」という人間の行為であって日本列島ではいろいろな地域ですでに始まっていたことを例証する事例である。

（11）分封の際のニホンミツバチの行動については、草稿を読んでくれた北九州市立大学の人類学者・竹

川大介さんによっていくつかの間違いを指摘されたので修正している。もっとも大きな間違いは、分封して出るのは新しい女王で古い女王が残ると記述していたことである。草稿を読んでいただき間違いを指摘していただいたことに感謝します。
(12)渡辺孝著『ミツバチの文化史』筑摩書房、一九九四年/渡辺孝著『ミツバチの文学誌』筑摩書房、一九九七年
(13)卯田宗平著『鵜飼いと現代中国—人と動物、国家のエスノグラフィー—』東京大学出版会、二〇一四年。最近宇治川の鵜飼でウミウが産卵し孵化した例が報じられ、その人工繁殖とその後鵜飼のウミウへと訓練された事情についても宇田宗平は詳しく追跡している。それについては卯田宗平・澤木万理子・松坂善勝・江崎洋子「宇治川の鵜飼におけるウミウの繁殖・飼育技術の特徴—中国における鵜飼との事例比較—」(『日本民俗学』二九二号、二〇一七年)が最近発表された。
(14)宅野幸徳「高津川の放し鵜飼」『日本民具研究』日本民具学会、一九九〇年
(15)篠原徹「鵜のこころ・鵜匠のこころ」『列島の文化史』第六号、日本エディタースクール出版部、一九九九年
(16)展示図録『川に生きる—江の川流域の漁撈用具—』広島県立歴史民俗資料館・江の川水系漁撈文化研究会、二〇〇〇年
(17)ビル・ローズ著・柴田穣治訳『世界史を変えた50の植物』、エリック・シャリーン著・甲斐理恵子訳『世界史を変えた50の動物』ともに原書房、二〇一二年
(18)安富歩著『満洲暴走　隠された構造—大豆・満鉄・総力戦—』角川新書、二〇一五年
(19)掛谷誠「焼畑農耕民の生き方」高村泰雄・重田眞義編著『アフリカ農業の諸問題』京都大学学術出版会、一九九八年
(20)川北稔「世界システムのゆくえ—移動する中核と周辺—」川北稔著『イギリス繁栄のあとさき』講

談社学術文庫、二〇一四年
(21) 寺嶋秀明著『平等論―霊長類と人における社会と平等性の進化―』ナカニシ出版、二〇一一年
(22) 篠原徹「エチオピア・コンソ社会における農耕の集約性」掛谷誠編『アフリカ農耕民の世界』京都大学学術出版会、二〇〇二年
(23) 篠原徹編『中国・海南島―焼畑農耕の終焉―』東京大学出版会、二〇〇四年
(24) 重田眞義「アフリカ農業研究の視点」高村泰雄・重田眞義編著『アフリカ農業の諸問題』京都大学学術出版会、一九九八年
(25) 掛谷誠・前掲論文（注19）
(26) 注（23）前掲書
(27) 大野和興著『日本の農業を考える』岩波ジュニア新書、二〇〇四年
(28) D. タカーチ著・狩野秀之他訳『生物多様性のいう名の革命』日経BP社、二〇〇六年
(29) 鬼頭宏著『人口から読む日本の歴史』講談社学術文庫、二〇〇〇年
(30) 千葉徳爾著『はげ山の文化』学生社、一九七三年
(31)『日本近世生活絵引　東海道編』神奈川大学21世紀COEプログラム「人類文化研究のための非文字資料の体系化」成果報告書、二〇〇七年
(32) 森岡節夫著『南房総のマテバシイ植栽文化―トウジイの歩いた道―』千葉県農業改良協会発行、一九九九年
(33) 安渓貴子・当山昌直編『ソテツをみなおす―奄美・沖縄の蘇鉄文化誌―』ボーダーインク、二〇一五年

文学と民俗学

コンソのサウガメ村のオルガイドー。写真を撮ったのはもう一人の少年バシュラである。この二人は私が調査中いつも一緒であった。本章の「千本の長」と「籠屋のおたま」と言ったところ。私も村の情報はまずこの二人の少年から得ていた。

私の民俗学の原点は、若い頃三年半に及ぶ田舎暮らしを経験したことによることはしばしば述べてきた。そこではさまざまな習俗といわれる古めかしい儀礼や習わしを知ったのであるが、実はそうした形式性を支える儀礼や習わしの背後に潜む機能の現実的な役割を知ったことの方がはるかに大きなことであった。一つの実例をあげてみたい。私が長い間つきあってきたムラに特に親しくしていた家族があった。その家の当時の世帯主の母親が高齢で亡くなった。この当時このムラでは葬儀は家で行われ、埋葬は土葬であった。中国地方の一山村の葬儀の民俗を詳細に知りたいと思い、この世帯主夫婦にお願いして葬儀の顚末を記録することの了解を得た。

その顚末の記録とその分析は二つの論文となった。それは葬儀とそれを支える村内の社会関係を主として記述したもので、一つは葬儀のモノグラフとして「中国地方一山村の葬儀と社会関係」(1)であり、他は家族や婚姻を中心にまとめた「中国地方一山村の家族・婚姻・通婚圏」(2)である。

当時の民俗学では調査をした結果は調査された村の側に論文なり、報告書を寄贈するのがすでに常識になっていたので当然贈った。この親しい家族からこの二つの論文も村内で広く読まれたことを聞いた。ところがこの二つの論文が村内で話題になり、ここまでムラのことを書くのは困るという抗議が、私が親しくしていた葬儀の喪主夫妻に来ていたらしい。私がそれを知ったのはだいぶ後であったが、この喪主夫妻が村内で色々取りなしてくれていて、私は葬儀の論文寄贈の後もこの村人たちと普通につきあってきたが、記憶では私と村人との間でとくだんの確執や抗議は直接にはなかった。

以下に知られたくなかったムラ内部の隠し事の一つを述べるが、これはこの章の中心的なテーマであることと深い関わりがある。それは村びとの中で了解事項になっている私的領域への了解なしの侵犯を調査者が行っていたことである。おそらく以前はこの侵犯に対しては実効的な罰則（つきあい禁止の類）があったと思われるが、現在は顕在化することのない非難だけに終わることが多い。この私的領域の掟は村人だけで守られてきたものであるが、私の調査はいくつかのことでこれに対して侵犯してしまったというわけである。このことによって侵犯しなければ村が分かったことにならないし、侵犯すればムラから排除されて何も分からなくなるというジレンマが起こるのであるが、当時はこのジレンマに気づかなかった。比較的軽い侵犯であった「香典帳の分析」について述べてみたい。

香典も聞き書きで聞ける範囲では、お米を香典として使っていた時代から戦後のある時期から現金に変遷した。そしてどちらの場合でも葬家との関係によってお米ならその量が一升から一俵の間、現金なら五百円から三万円の範囲で変化していた。一九七六年の葬儀であるが、香典はすでに現金になっていた。そして金額は葬家との親族関係や葬儀参加者の地域性の二つの関係性によって異なる。このムラは三つの組からなっていて、同じ組内、別の二つの組、親族、近隣そして友人や勤め先関係の五つの関係に葬儀参加者を分類して香典金額の有り様を比較してみた。

この分析によって民俗学の葬儀研究上の重要なことが分かったのであるが、そもそも村人はなぜこうした香典帳をつけているのか、またこれが何のためにどのように機能しているのか分からなかった。ムラの中での家と家の関係は固定的なもので、次に別の家で葬式があったとき香典帳をつけておけばどれだけの香典をもっていけば分かるからであるというのが一般的な解釈である。それはそれで理由のあることであり妥当な解釈である。

しかし、この葬儀の香典帳をみて葬家の世帯主は次のようなことを親しい故に私に指摘したが、香典帳の役割とはまさしくこうしたことのために存在しているのではないかと思った。私が論文でそのことまで書くとは思わなかったのであろうが、私は偶然それを知ったことになる。それはある家の香典の額が本来ならもってくるべき額とは異なりかなり少額になっていた。三つの組を合わせても二十八軒の家しかないので、二十八軒の家は同一の組かあるいは別の組のどちらかであり、あわせて親族関係になっている場合が多く、この関係の重複性の程度によって金額が異なり、外部のものでは詳しく関係を聞いても世帯主の指摘は見抜けなかったであろう。

それでこの世帯主は、この香典の額を見て、この香典の家との今までのような親族関係はもうこれでなくなるという判断をした。つまり少額の香典を出した家は、暗にこれで家同志の親族関係性はこれまでですよと香典で示したわけである。もしこの少額の香典の家で葬式があれば、もうこれは親族関係のない組の関係だけで決められた香典の額をもっていけばいいとこの葬家の世帯主は考えた。香典帳とはこうしたムラの家の関係性や人間の関係性を切ったり結んだりすることを表現する手段なのである。香典帳の分析を通じて、ムラの人間関係をここまで知ることは、どうやら彼らの私的領域の世界への勝手な侵犯であったわけである。この事例は軽い侵犯であり、それほど問題にはならなかったが、私の論文が引き起こした侵犯の中にはムラの中でのさざ波ではすまなかったものもあることが後ほど分かった。それはムラの掟といってもいいようなもので、ここへの侵犯は普通は許されないことである。

こうした私的領域の世界への侵犯は外部から見てムラとは何か、ムラの中の民俗に「国家や権力に回収されない、まつろわぬ民俗」があるのではないかと思ってきた人間には魅力的なものに映る。しかし、これは民俗ではなくて土俗と呼んだ方がいいようなものでこれを摘出することはほとんどタブーではないかと思う。こうしたムラの私的領域に強い関心をもち表現したいと思ってきたのは、民俗学より文学ではなかったかと思われる。それを表現することが可能なのは、文学ではこの私的領域について場所も人間も実在するものとして描く必要がないからである。

こういう私的領域の世界の感覚や感性を手放さずに詩嚢に収め、やがて熟成させて自らの発見した言葉で詩や小説として表現してきたのが、文学であろう。詩人や小説家の方がよほど民俗学者より人びとの土俗性や民俗性の何たるかを分かっているのではないか。深沢七郎の小説『楢山節考』や『盆栽老人とその周辺』にあらわれる農民ほど日本の民俗や土俗と言われているものを体現しているものはない。あるいは山本周五郎の『青べか物語』の中の人間像でもいい。私が民俗学の調査と称してつきあってきた人びとをつかみきれないと感じる最後の部分はおそらくこうした人間像なのではないかと思ってきた。

一九七〇年代に私が読んだ詩の中に、次のようなものがある。それは私が解きたい問題と思っていたがやがて忘れてしまった問題の核心をついていると当時思った詩である。それは会田綱雄の「伝説」(3)という詩である。

湖から
蟹が這いあがってくると
わたくしたちはそれを縄にくくりつけ
山をこえて
市場の
石ころだらけの道に立つ

蟹を食うひともあるのだ

縄につるされ
毛の生えた十本の脚で
空を掻きむしりながら
蟹は銭になり
わたくしたちはひとにぎりの米と塩を買い
山をこえて

湖のほとりにかえる

ここは
草も枯れ
風はつめたく
わたくしたちの小屋は灯をともさぬ

くらやみのなかでわたくしたちは
わたくしたちのちちははの思い出を
くりかえし
くりかえし
わたくしたちのこどもにつたえる
わたくしたちのちちははも
わたくしたちのように
この湖の蟹をとらえ
あの山をこえ

ひとにぎりの米と塩をもちかえり
わたくしたちのために
熱いお粥をたいてくれたのだった

わたくしたちはやがてまた
わたくしたちのちちはははのように
痩せほそったちいさなからだを
かるく
かるく
湖にすてにゆくだろう
そしてわたくしたちのぬけがらを
蟹はあとかたもなく食いつくすだろう
むかし
わたくしたちのちちはははのぬけがらを
あとかたもなく食いつくしたように

それはわたくしたちのねがいである

こどもたちが寝いると
わたくしたちは小屋をぬけだし
湖に舟をうかべる
湖の上はうすらあかるく
わたくしたちはふるえながら
やさしく
くるしく
むつびあう

「伝説」詩集『鹹湖』一九六〇年（『現代詩人全集』第九巻・戦後1、角川書店、一九六〇年）

繰り返し繰り返し、同じ場所で転成される生誕と死の物語こそが、おそらく「懐かしさ」の正体なのであろう。それも自然から糧を得て、やがて自らも自然の糧となるこのサイクルこそが人間の自然性を呼び覚ますものなのであろう。これは詩人だけがその直観的感覚によって感得することのできるものなのであろうか。この生誕と死の間に様々な生きるドラマがあり、舞台は同じでも生老病死にとどまらないギリシャ神話のような世界が展開している。これは土俗の中にもありそうなことではないか。むしろ詩人がいくら近代の生活に馴染んだとしても、どこからかやって来る土俗へ回帰させる囁きに抗しきれないからではないか。

この当時、私自身は民俗学へかなり傾斜していき、柳田国男や宮本常一などの著作を読み耽っていた。もっとも読み耽って傾斜したのはシリーズ『日本残酷物語』(平凡社)や『ドキュメント日本人』(学藝書林)などであった。これらのシリーズが活写した世界は、一言で言えば精神は「土俗性」、物質生活は「貧困」という形容が当てはまる日本であったということである。あるいは近代から取り残された土俗と貧困の世界の描写という印象ももった。もう一つそうした人間を描き出そうとしていた分野があった。戦後民主主義の時代に、戦前の皇国史観を反省し克服すべく歴史学の中に民衆史と称される分野が生じたが、その民衆史を担った歴史学者の多くの著作である。それらは時代を変革させる民衆のエネルギーの原動力を歴史の中に見出そうとしていた。民俗学と歴史学がもっとも接近した時なのであるが、これらの著作からも大きな影響を受けた。

私自身が引揚者二世であったので、貧困というのはごく普通の日常生活であった。従って、これらの分野の作品には共感することは多かった。ただし、土俗性については引揚者生活ではほとんど経験できなかった。簡単に言ってしまえば、私の家族では伝統的な年中行事は皆無と言ってよかったし、近隣とのつきあいというものであっても一時的な仮の関係でしかないことは自明のことであり、表面的なつきあいであった。だからこそ、そうしたことに関心をもてば読書経験による日本社会の経験だけではなく、山村や漁村を歩き始めフィールドワークという言葉に代表される自分の脚で歩き観察し聞き書きを採り、そして思考するという方法以外に日本社会を理解する道はなかった。

三年半住んだ蒜山は中国山地の奥まったところであったが、中国地方の日本海側の漁村や瀬戸内海地域の平地農村や漁村あるいは四国山地や九州の沿岸域もよく歩いていた。そんな時に兵庫県赤穂市近辺の出身の一人の若い人に興味深い話を聞いた。彼の住む瀬戸内海地域では、人間が生まれて最初にするウンチと死んでから最後にするウンチをガニババと言うそうだ。もちろんこのガニは海の蟹であろう。会田綱雄の「伝説」の中の蟹は湖産のものであるが、湖に捨てられた死者を貪り食べる。瀬戸内海の漁師たちは溺死した死者や漂流した死者が海底で甲殻類に食べられていることを知っている。海底で甲殻類は死者の形に群れているなんて漁師は見てきたように話す。しかし、前世からこの世への離脱としての赤ん坊の最初のウンチがガニババであり、この世からあの世への離脱の最後のウンチがガニババとはいったいどういうことなのであろうか。

同じ場所で同じような生活・生業で暮らし続け、同じような生誕と死を迎えることがガニババでつながっている。それにしても詩と土俗がこれほど近しいものだとは思わなかった。詩の形式や約束事などは別にすれば、海辺のほとり（湖辺のほとり）、蟹を獲る生業、繰り返す生誕と死と同じ書き割りの中の同じ主題の劇なのである。生きる力を失って形式だけ論じる民俗という言葉を使うより、生きる力そのものである土俗と言った方がいいが、土俗と詩は相互に呼応し合うものなのである。これこそが会田綱雄の「伝説」と見事に符合する土俗の思想なのではないかと思った。

なぜ当時一九七〇年代に民俗（注目されたのは生きる方法としての土俗であったはずであるが現実には形式的な民俗であった。私は土俗の形式性を民俗と考えていて、民俗は土俗の殻ではないかと思っている）が注目されたのか。当時は六〇年の安保闘争が敗退し、七〇年安保闘争も最後は全共闘の敗北をもって終焉を迎えようとしていた。この敗北は進歩的知識人たちの認識ではやはり大衆の原像だの民衆の心だのをつかみ損ねたことにあるとして、柳田国男を始めとした民俗学が注目されたことも背景にあった。日本に生きる無数の人たちに対する限りなき凝視こそが重要であるというわけである。しかし、この凝視は、生きる力そのものである土俗に対してであって、力を失い形式に堕した民俗に対してではない。

吉本隆明は、大衆や民俗に注目する知識人を嘲笑するかのように、次のような詩を書いている。(4) この知識人とは丸山真男や鶴見俊輔などのことを指していると考えておいていいだろう。あるいは多くの進歩的歴史学者や柳田国男もこの範疇に入っているのかもしれない。


生まれ、婚姻し、子を生み、育て、老いた無数のひとたちを畏れよう。

あのひとたちの貧しい食卓。暗い信仰。生活や嫉妬や言争い。呑気な息子の鼻歌。

そんな夕ぐれにどうか幸いがあってくれるように……

それから学者やおあつらえ向きの芸術家や賑やかで饒舌な権威者たち。どうかこんな寂かな夕ぐれだけは
君達の胸くその悪いお喋言をやめてくれるように……


吉本隆明「夕ぐれと夜との独白(一九五〇年Ⅰ)」より『初期ノート』光文社、二〇〇六年

こんなふうに知識人の土俗や民俗への共感の思想を根源的なところで否定されてしまえば、形式的な民俗に注目する知識人にだけはなるまいとするのは当然である。そして人びとの伝承してきた民俗とその行為を観察や聞き書きで知ったとしても、沈黙するしかないではないか。この詩の中で

「生まれ、婚姻し、子を生み、育て、老いた無数の人たち」の生きる方法が土俗であり、「学者や饒舌な権威者たちの胸くその悪い」お喋言が、形式という殻だけを備え内実を失った民俗を追及する民俗学や民衆史なのではないかと思った。また自分自身が「婚姻し、子を生み、育て」る無数の人びとの一人なのだから、その一人として考えることが必要だろうとも思った。

この吉本の詩とも思索の箴言ともいえるこの文章を知ったのは、一九八一年二月二十四日の朝日新聞の文芸時評であった。当時、この文芸時評を担当していたのは井上ひさしであった。私は当時気に入った詩や文章があるとノートに記していたが、それにはこの詩と井上が知識人の怠慢として無数の人たちに対するものへの限りない凝視を説く吉本隆明の詩について論じていると書いている。若い吉本隆明の思索の過程を示すこの著作を改めて読み直してみたが、先に引用した思索の箴言とも言える詩の前は次のように書かれていて、一九五〇年の日本の思想的状況や吉本のそれに対する思想的対峙がわかる。

夕ぐれが来た。見るかげもない凄惨な僕の心象。
だが理性は僕に尚いろいろの思考をやめるなと告げる。政治経済学のこと。革命のこと。
それから大変困難な歴史的な現実の分析。ひとつとして他の誰も満足すべき役割を果たしてはくれない。僕は思はずこの国の学者や、芸術家たちへの非難を並べたくなつてしまふ。だが待ちたまへ。僕は想ひ起こす……

大衆や民衆を上から見る視線のもつ欺瞞性を痛撃した吉本隆明の詩のもつ意味は民俗学や人類学にとってもきわめて重要である。この文章がどんな学者や芸術家を射程に入れていたのか詮索するのはあまり意味がないであろう。戦後民主主義の花形であった歴史学や近代主義者たち全体を指しているとみてさほどはずれてはいない。彼らが戦前の歴史学や思想を反省し批判する立場であったのでなお始末が悪い。ではどのようにこの吉本隆明の批判を乗り越えることができるのか。そのような方法はあるのであろうか。それは「生まれ、婚姻し、子を生み、育て、老いた無数の人たち」の「生きる方法」をどのようにしたら同じ地平から見ることができるのかということであった。他者理解は最終的には不可能であるが、限りなく漸近線的に近づく方法はないものだろうか。結局その結論は今だに不明のままであるが、一つだけはっきりしたことがある。それは人びとの生活や社会から切り取られた民俗的なものをいくら捏ねあげても何もわからないということであった。民俗を生活の中で見ていかねばならない。考えてみれば、民俗と呼ばれるものが生活と離れて存在することもなければ実践されることもないわけで、当然といえば当然である。

土俗という言葉はもはや死語であるが、土地に緊縛されていた近世日本の中で出版された地誌の類にはしばしば使われていた。地域を統治していた各藩や幕府などの官吏であった武士階級から見た支配の視線では人びとや彼らの生活は土民であり土俗であった。土俗は、その地域に定住する農民や漁民に対して土民という言葉とセットになっていた。近代日本の中で土民という言葉が差別語となっていったのは一九一四年の第一次世界大戦の戦勝国として、かつてドイツの植民地であった南方諸島が日本の信託統治領になってからであると言われる。文化が劣っていると思われた南方諸島の人びとに対して土人という言葉が使われると、土人という言葉に意味の転換が起こり差別語に転化したと思われる。(5)

この土俗という言葉や土民という言葉が、内実とともに日本の社会から消滅したのは、アジア・太平洋戦争後のある時期である。近代日本は一八六八年からすでに百五十年が経過しようとしているが、アジア・太平洋戦争までは遅れて資本主義を採用した国民国家として十年置きに戦争を仕掛けてきた。尊皇攘夷から開国日本への転換に終止符を打つ最終の国内戦争である西南戦争、帝国主義・植民地主義への足掛かりとなった日清戦争・日露戦争、そして強大な帝国・植民地の覇権主義の完成を目指したアジア・太平洋戦争という愚かな侵略戦争である。

こんな中で出会ったのがきだみのるの『気違い部落周游紀行』（再読したのは一九八一年、冨山書房発行のものである。若い頃読んだのは四年前に逝去した人類学者・掛谷誠の所蔵本であった。彼もこの著作から大きな影響を受けていた）と山本周五郎の『青べか物語』（一九六四年、新潮社）あるいは深沢七郎の『盆栽老人とその周辺』（再読したのは一九八〇年、文藝春秋発行のものである）、『極楽まくらおとし図』（一九八五年、集英社、深沢の作品は八〇年代のものであるが、ここで述べる意図とはそれほど時代感覚としてずれてはいないと思う）などである。深沢の作品では『楢山節考』（新潮文庫、一九六四年）を取り上げるのが普通であろうが、この論旨の中では前述した作品の方が意にかなっていると考えた。これらの作品を素材にして「他者理解」は可能か、あるいは「他者理解」へのアプローチをどのように考えてきたのか述べてみたい。

これらの小説は、ある対象となっている人びとを外部から見てどのように理解可能なものなのか、理解不可能なものなのかを考える上で示唆的なものなのである。吉本隆明の詩は知識人が大衆とか庶民とかあるいは人民というものはこのようなものだと外部からそれも高みからみる視点を痛烈に批判したものであるが、『気違い部落周游紀行』以外のものは大衆の論理や感性の側から描かれていると思われる。現在、これらのものを五十年ぶりに再読しているのであるが、当時と同じ読み方、受け取り方にはならないこともある。それは当然のことであろうが、今だに輝きを失わないところも多い。特に『青べか物語』と『極楽まくらおとし図』などの小説にそれを感じるのであるが、ただ描かれている世界が遙かに遠い世界のことになってしまったという印象は免れない。

きだみのるの『気違い部落周游紀行』については、これが一見部落の人びとと同じ目線や感性を獲得していて、上から見下ろす外部の視線ではないと思っていたが、読み返してみると当時の読んだ感覚とは相当に異なる。要するに気取ったペダンチックなところもかなりあり、むしろ柳田国男などの「目に一丁字なき人びと」へのクールな共感と同じようなものをみてとることができる。現在なら調査する村なり人びととの確執や非難は避けられないところであるが、村人自身が調査する人（きだみのる）を偉い人だと考えていることは現在とは大きな相異である。しかし、これは現実に可能かどうかは別にして「他者理解」を目指して民俗学を志向してきたものに、この著作が大きな刺激になったのは事実であるので、当時の私自身の理解の文脈の中での位置づけを再度確認してみたい。

当時、つまり一九七〇年代人類学を志す研究者が盛んに議論していたこの問題について、対象理解の方法論として提起されたのは「エティック・イーミック（etic/emic）」という対となる概念であった。『文化人類学事典』[6]のこの項目を担当したのは吉田集而であったが、簡にして要を得た説明をしているので、主要な部分を引用しておきたい。

エティック・イーミックの概念は、この音韻論の音声的・音素的という対立を基本にしており、文化人類学の領域ではエティクな研究は文化の比較を目的とし、イーミックな研究は個別文化の研究を目的としているといってよいであろう。すなわち、エティックな研究では、国際音声記号のように、どの文化研究にも適応できるような概念・用語を研究者が用意することからはじまる。そのためには、あらかじめかなり広範囲なサンプリングを基にし、論理的に適合する概念・用語をつくりあげなければならない。その後に、それらの概念・用語を用いて世界の文化を分析し、研究者の考えでもって体系を創造する。それは、文化を外側から分析することであり、一方である文化要素のみを対象として取り上げることができる研究でもある。それに対してイーミックな研究では、音素のような、当該の文化において意味のある概念・用語を調査・分析の中で見出してゆくことが重要となる。そして、その概念・用語を用いて、その文化の全体系を発見しなければならない。そこでは、研究者の考えを入れることなく、対象そのものに語らせなければならない。それは文化を内側からみる視点の研究であり、さまざまな概念の文化内における統合をはかるということである。そのため、エティックな研究のように部分的に研究するわけにはゆかず、その結果は最終的なものであり、完成されたものとならねばならない。

イーミックな研究とは調査に入った文化を内側からみる視点の研究であり、さまざまな概念の文化内における統合をはかることが重要であると指摘されている。この文化を内側から見る視点とは一体どのように獲得できるのか、これがイーミックな研究の核心である。イーミックの研究の最終目標は、調査した社会や文化のモノグラフに帰結することになるのは当然であろう。

イーミックの概念を重要と考える文化研究なら当該文化の現地語を習得することが必要であることを意味する。またこの議論の理論的背景がアメリカのK．L．パイクという構造言語学者の言語理論であったことは興味深い。異文化研究や民俗文化研究では当該地域の言葉を習得することは必須のことである。

さて、『気違い部落周游紀行』から私は何を学んだのか。民俗学も人類学も社会学もフィールドワークを通じて「他者理解」をする学問であることは今さら言うまでもない。この「他者理解」のためのフィールドワークの眼は、支配者の視線、統治者まがいの視線あるいは教育や啓蒙の視線というようなものとは根本的に異なる。それは二十世紀の人類学が到達した文化相対主義的な視線である。できるかどうかは別にして相手の文化や民俗を調査する側のもつ文化や民俗と対等なものとしてみるという視線である。きだみのるはフランスの社会学者マルセル・モースの教えを受けた知識人である。だからといって同情や啓蒙の視線をきだみのるは克服できていたのかどうかは微妙である。人類学が文化相対主義という地点に到達したからといって西欧の個々人の研究者がそうした眼で相手の文化を見ていたかどうかも怪しい。それは現在欧米のオリエンタリズムとして激しく批判されている。きだのような西欧文化をかなり身につけた人は相手の文化を遅れたものとしてみる優越感は免れがたいもので、きだみのるや柳田国男の文章や視線に同情や冷たい共感というものがみてとれる。ただどんな学問でもその時代の歴史的文化的拘束を受けるのは当然のことで、過去の研究者を現在の視点から批判してみても創造的ではないことは確認しておかなくてはならない。

きだみのるの視点は、その後の彼の著作をみていくと明らかに当初もっていた啓蒙的視線が冷たい共感にかわり、果ては熱い共感となって部落至上主義者になってしまう。このあたりの事情は室井康成が「きだみのると柳田国男―〈擬制〉の打破としての民俗学の実践―」(7)において詳しく論じている。柳田国男の民俗学の本願は村人の事大主義と島国根性の打破であるというのが常日頃の室井の主張することなのだが、きだみのるは村人を歴史的民俗的に拘束する擬制的「親類主義」の打破を試みたという。この試みは結局啓蒙主義であったが、最後は本人が部落至上主義に把われてしまいきだ自身がもっとも忌避する部落至上主義という事大主義に陥ってしまったというべきであろう。私は民俗学史や社会学史に強い関心があるわけではないので、これ以上の議論は控えたい。ただ、きだのみるの『気違い部落周游紀行』を最初読んだときの衝撃は、「他者理解」つまり調査対象となった人びとへの調査者の向きあい方であった。それは三つに要約できる。

この三つは「悪の共有」、「貧困と文化」そして「エスノ・サイエンス」と言えるのであるが順番に述べてみよう。きだみのるはアジア・太平洋戦争の戦局がかなり怪しくなってから東京・八王子の恩方村の破れ寺に住むようになり戦後もそこに住んでいた。恩方村辺名に住み始めたのは一九四三年であった。この著作は戦後の一九四六年雑誌『世界』に連載され、一九四八年に単行本として出版された。従って書かれている中身は戦局の悪化した日本の敗戦直前の村の社会と生態と考えていい。描かれている世界が敗戦直前であれ敗戦直後であれ、村の日常性が軍国主義の狂気と敗戦の虚脱が覆っていた時代の雰囲気とあまりに懸隔していることに驚く。村が自前の論理と感性をもっていて、あたかも国家から自立した存在であるかのごとくきだは叙述していると当時は思ったし、読み直してみると依然としてそうした光彩を放った記述も多い。

柳田国男は数限りなく存在する日本の村に通底する心性として、事大主義と島国根性を見てとっていた。事大主義とは広辞苑によれば「一定の主義を有せず、勢力の強大なものに付随して自分の存立を維持する主義」とある。島国根性は広辞苑では「島国のため視野もせまく、抱擁力に乏しくこせこせして頑固な性質」とある。

『気違い部落周游紀行』はきだが村人の観察や対話から抽出した部落の論理や感性を六十七の小節を設け、最初に村人の行動と論理の箴言を措き叙述している。この一つ一つはきわめて興味深い村人の行動と論理が逸話付きで記載されている。その中にはまさに事大主義や島国根性と外部から評価されても仕方のない村人の行動と論理がいくつも出てくる。

室井康成が言うように、この心性を克服できなければ「賢く正しい選挙民」などの近代民主主義システムにふさわしい国民にはなれないとして、柳田国男はこの克服こそ民俗学の本願であり目的と考えていたというのである。きだみのるの部落観察も柳田国男と同じような目的をもったものであり、事大主義に絡め取られる心性の本質を擬制的「親類主義」を部落観察から抽出したと室井は論じている。これは読み直してみると室井が論じるような側面は否定できないし、むしろ室井の読み方の方が本質を衝いているのかもしれない。村の自前の論理と感性というものが仮にあったとして、それを私は事大主義とは反対の自立の思想を読みとっていたのかもしれない。

私がこの著作でもっとも関心を惹かれたのは、三〇「お寺の先生、部落の入門式を受けること」という逸話であった。この小節の箴言の中に「部落の入門式」とあるが、これはきだが村人と「ちょぼいち」という賭事・小悪を一緒に行うことによって村人に内部の人間として認知されて、村を内部から見ることができるようになったことが主たる内容である。きだをこれを入門式と名付けたのであるが、このことについてきだは次のように要約している。

この入門式は私に反省を促す。一体人間の心というものは善を通じて結ばれる方が多いか、悪を通じて結ばれる方が多いか。いま射倖本能それ自体については議論しないとし、社会的通念に従えばこれは悪である。私はこの悪が出来るということで、或は私も共犯者だという感情から、部落の英雄たちは垣根を撤して、より深く結ばれたように感じ、同じ秘密に融即した人間として扱いだしたのだ。

この悪を共有することは村のイーミックな研究方法の核心とも言える。村の内部の論理を知るためには、悪を共有しなければならないときだは発見したのである。「ちょぼいち」という賭事がこの当時かなり普遍的に村のレベルで行われていたことは確からしい。私も一九八〇年代になっても

「ちょぼいち」が行われていた村を知っている。「ちょぼいち」は茶碗にサイコロ二つを入れ伏せて、茶碗を開けて出てくる目の数に賭ける単純な賭博であり、世間ではチンチロリンと呼ばれていた賭事に似ている。地域によって微細な差異があるが、ここの「ちょぼいち」の内容については省略する。

この村のイーミックな研究についてもう一つのきだの挿話を記さなければならない。それは四七「日本民家の通風のよさ、並びにそれに依って生まれた習慣と濫費について」の挿話である。東京都下の山村・八王子村辺名で子どもを負ぶった老いた農民を見たら、敗戦直後の山村であったとしても山村は貧しいと普通感じるであろうこの外部の眼を鋭く批判してきだは次のようにいう。

もしも読者が子供を背負っている男を見て、これは子守りか、子守りのいない貧乏人だとする都会の価値判断を真冬のこの部落に適用されたら、それは飛んでもない間違いである。これは村の特権階級にしか許されていない奢侈である。その証拠には吝で噂に上る篤農家のモト英雄は寒さの盛りにはその広い肩の各々に二つと三つの年子をおぶい、そして云うのだ。
——先生よ。こんなおぶいごろの赤ん坊はよ、滅多に人に貸せるもんじゃねい。重かあなし、泣きはしねいし、そしてその暖かさというたらよ。風呂に入れば後で湯ざめがするし、焼酎じゃ後で酔がさめると寒くて敵わねえしな。そこにゆきゃこんな子供はそんな心配はなしよ。何処の家でも冬になったら子供は余程の人でなきゃ貸すもんじゃねい。どうよ、先生。寒かったらどっちか一人貸そうか。

冬になり人が囲炉裏のまわりに集まって話していても、すきま風で背中が寒くなり時間が経つとクルッと背中を囲炉裏であぶるため人は回るのである。背中越しに話を続けるわけであるが、懐炉と同じ役割の子供を背負った人はそんなことをせずにすむわけである。冬の風が吹く寒い日に「チョボイチ」に出かける人もいるだろう。こんな人を外部のものがみれば貧困の山村という外部の見方で見てしまい、村の内部の「特権」だの「悪の共有」による連帯だの到底わかりはしないときだは言っているのである。『気違い部落周游紀行』は間違いなくイーミックな立場から村と村人を理解しようとした第一級のモノグラフである。エスノサイエンスについては、村の農業や食生活における村人の実践的知識はいたるところに記述されている。村のイーミックな理解というのは、すなわち村のエスノサイエンスそのものであると言っていい。とくだん六十七の小節の一つを取り上げるまでもない。

それでは山本周五郎の『青べか物語』はどうであろうか。この小説を最初読んだときに感銘を受けたことを今も覚えている。今までに様々な異文化や自文化のモノグラフと呼ばれているものを数多く読んできたが、その中にはすぐれたモノグラフもいくつかある。先述したエティックとイーミックという対の概念の内、イーミックの視点で貫徹しているモノグラフという意味ではこの小説は出色のものであることは間違いない。

「浦粕町は根戸川のもっとも下流にある漁師町で、貝と海苔と釣場で知られていた。町はさして大きくはないが、貝の缶詰工場と貝殻を焼いて石灰を作る工場と、冬から春にかけて無数にできる海苔干し場と、そして、魚釣りに来るための釣舟屋とごったくやといわれる小料理屋の多いのが、他の町とは違った性格をみせていた」で始まる『青べか物語』であるが、この漁師町に山本周五郎は大正十五(一九二六)年から三年住み着いた時の経験を戦後一九六一(昭和三十六)年になってこの漁師町とそこに生きる人びとのモノグラフとも言える傑作をものした。この漁師町は物語の中では浦粕町となっているが、現在では想像もできないほど変貌を遂げている千葉県の浦安のことである。『青べか物語』は「はじめに」と「おわりに」そして「三〇年後」を除くと、三十の挿話から成り立っている。三十の挿話はそれぞれが独立していて、東京湾に面して背後に大湿地帯を控えた特異な漁村・浦安の人びとの生業や生活を活写したものである。

彼が滞在したのは二十三歳(大正十五年・一九二六年)から二十六歳(昭和四年・一九二九年)の

ことで、この期間は関東大震災の直後から治安維持法が成立し、やがて一九三一（昭和六）年の満洲事変へと日本が軍国主義に大きく傾いていく時代であった。一九〇三（明治三十六）年生まれの山本周五郎と私の父がほぼ同じ世代（父は一九〇八年・明治四十一年生まれ）であったことに感慨深いものがある。片や満洲へ片や漁村・浦安へと移住してその後の運命はこのことによって決定的なものとなったからである。

この作品は、一九六一（昭和三十六）年に発表されたので、山本周五郎が三年住んだ浦安を離れて三十年後にまとめられたことになる。多くのモノグラフが長期の調査をして他者理解を描くように見えるけれども、実際のところは民俗学者や人類学者が異文化に仮託して自己救済や自己成長を描いているすぎないことが多い。この作品もこうした側面をもっている。出版された作品について平野謙がすぐれた解説をしているが、浦安での三年間は山本周五郎が当時抱いていた「絶望や失意を救ってくれた唯一」のものであったと的確に評価している。この町での生活が山本周五郎の人間観察の修練の場であり、この作品は山本周五郎の人間的成長の一種の青春物語であったことは間違いない。それ故かあるいは山本周五郎の人間観察の方法故か、この作品はあまりにも戦後の長期住み込み調査を目指す人類学者のモノグラフの有り様と酷似している。

この文学作品は、先述したエティックとイーミックという他者理解の人類学的方法から言えば、まさにイーミックな方法を見事に獲得して叙述している。そのことを典型的に表現しているのが十四番目の挿話として描かれる「対話（砂について）」と十六番目の挿話「経済原理」である。「対話」は月明かりの干潟に踵をあげて爪先立ちして、人間の影に入ってくる鰈やあいなめが爪先立ちのところにきた瞬間踏みつけて用意した女串で突き刺すという信じられないような漁法（当の漁師にとってはごくあたりまえこと）をしている富なあこと倉なあこという二人の漁師の対話が書かれている。富なあこが踏んでいる砂は小粒であるが、これがだんだん成長して川を上り大きな石になるという彼の発見が延々と語られる。彼が生活や生業の中で観察した事実から帰納法的に推理していくプロセスはまさにイーミックな論理である。これが妙に読む者を納得させるというかエティックの論理をア・プリオリに拒絶する力をもっているのである。

月明かりの干潟での鰈やあいなめを獲る漁法というのは、私が本書4章で「自然を生かす」技術と分類したものに入る。この生業の技術は膨大な自然知と巧みな身体知がなければありえない技術である。道具はむしろ最小限のもので自然に関する知識や身体の洗練された使い方によって魚を捕獲するわけで、これは日本の人類学の中でも大きな潮流の一つとなったエスノ・サイエンスの分野にまで作家の目が行き届いていたことを示している。

「経済原理」の挿話は、調査する側の論理が調査される側の論理を無視した結果起こる小事件を描いている。というより調査する側の論理は、当然調査される側の論理と同じであるということを当初では前提にしていたために生じた小事件によって、初めてこの漁村の中だけで通用している貸借や商売の論理を知ることになるのである。きだみのるが「ちょぼいち」という悪の共有をすることによって精神的な村入りを果たすことと同じことである。調査時点で、きだみのるが一筋縄ではいかない練達な年齢であったのに対して、『青べか物語』の作者はまだ若造であったことという違いはあるが。

少年たちが水路で掬ったキンブナを「売ってくれ」と言ったばかりに法外なお金をとられる。「売ってくれ」というのなら外部からやってくる釣客と同じで、「自分で俺はよそ者だ」と言っているのだから、「高く売りつけてもいい」と言うように少年たちは思ったはずである。そして味をしめた少年たちがまた売りに来たとき、やっとの思いで買わずに済むことに成功するのだけど、この少年たちとの売買のコミュニケーションを通じて彼らの論理を知るのである。作者はここで「少年たちに狡猾と貪欲な気持ちを起こさせたのは私の責任である。初めに私は「その鮒をくれ」と云えばよかったのだ。売ってくれと云ったために、かれらは狡猾と貪欲にとりつかれた。私のさみしいふところを搾取しながら、かれらも幸福ではなかった」とこの挿話を締めくくっている。まさにエティックの理解からイーミックの理解へのドラスティックな転換を示している。ただ、狡猾と貪欲にとりつかれたと解釈するのは依然としてこちら側の論理の解釈かもしれないし、後年私もエチオピア・コンソ社会で同じような経験をしているが、これは吝嗇についての経験である。

この「経済原理」の挿話の中で二度目に先頭になって売りに来たのは「千本の長」という少年である。山本周五郎が浦安に住みついて一番初めに出くわす事件がタイトルにもなった「「青べか」を買った話」であるが、この中にこの少年について次のように書かれている。それは「釣舟宿の「千本」の三男の長から、私は老人のことを聞いた。その土地の出来事について、籠屋のおたまと「千本」の長とかが、つねにぬかりなく情報を呉れるのである。おたまも長も小学校三年生であった」と記されている二人の内の一人である。

私もエチオピアのコンソ社会で長と同じ年頃の二人の少年オルカイドーとバシュラからあらゆる情報を得ていた。小説の方を先に読んでいたので無意識に同じ方法を採っていたのかもしれない。しかし三十年後に山本周五郎が浦安を訪れ、「千本」の長を探し出して会うけれども、長の方は一向に山本周五郎のことを覚えていないという事実を知り、自分が滞在したことなど何の意味もなかったことを知らされるのである。当時は「蒸気河岸の先生」と呼ばれていたことも人びとの忘却の中で消え去り、またタイトルになった「青べか」という小さな舟の行方さえ不明のまま小説は閉じられることになる。私はエチオピアのコンソ社会の調査から離れて二十年近くなるが、オルカイドーやバシュラもおそらく千本の長と同じように私を思い出さないのかもしれない。時々再び訪れてみようと思ったり、再訪を誘われることもあるが、私の心の片隅に「覚えがない」と言われることへの懼れがあるのかもしれない。

解説を書いている平野謙がそのあたりのことを小説の作法のもつ意味として説いている。これはモノグラフを志向する人類学や民俗学に通じるところのある議論である。三十年後に作者と会った長について「事実問題として、果たしてこういう事態があり得るものか、いささか私には疑問だが、ともかく長は「青べか」の先生を最後まで確認することがなかったのである。このことは足かけ三年のあいだに、一応浦粕の町にとけこみ、そのすみずみまで知悉したかにみえる「私」も、所詮よそもの、部外者にすぎなかったことを証している」と前提を置いた上で、次のようにこの小説作法について論じている。

つまり、浦粕町の住民と「私」とでは、一対一の尋常な会話の成立しないことを、まず作者は手法的に提示しているわけである。あれほどとけこんだとみえたはずの「私」の面影を、長が全然おぼえていないという厳然たる事実は、浦粕町にとっては所詮「私」は無にひとしく、なんの痕跡もとどめ得なかったということである。そのことを作者は最初から明瞭に意識して、手法的に尋常な小説ふうの会話体を避けたのである。

この物語が足掛け三年住み込んだ後、三十年後に書かれたということがこの小説作法を生み出したのは、長が何も覚えていないという事実を知ったからであるということを意味している。逆に言うと長が明瞭に覚えていて、作者の希望どおりと昔話を語り合ったとすれば、この物語は書かれることはなかったかもしれないということを意味している。この逆説こそ調査する側と調査される側の権力関係とかオリエンタリズムを超克して、モノグラフを書く根拠になりうるのではないかと思う。調査によって相手の社会や文化が攪乱されてしまうことを畏れたり、無意識の権力関係になっていることに過剰に怯えてしまったりすることは、いかに調査する側の勝手な傲慢さを示すに過ぎないことか。あの作者に情報をもたらしたこましゃくれた娘のその後は「籠屋のおたまは若くて遊郭へ身を売り、その後もみもちが悪く、親類じゅうに迷惑をかけたが、いまは行方知れずだということであった」とあり、作者の「絶望や失意」の克服という青春物語が、いささかも相手に影響を与えたとは思えないつまり無関係の人生を送ったようなのである。もちろん日本の民俗学がしばしば行う集団で村を調査し、仕事の邪魔をして迷惑だけかけ村に集積されてきた知識を収奪だけするようなあり方はこの議論の外側にある。一人で対象とする村や異文化とつきあいそして格闘し、傷つき何とかしてモノグラフを書こうとするような場合を指している。

『青べか物語』は作者が「無」になることを意識して書かれた物語である。村や村人へ外部の論理が持ち込まれて攪乱することを畏れて「透明人間」のように振る舞うことができればと思うことはしばしばある。『青べか物語』はほとんど浦安の漁師たちの会話で成り立っているが、それでもエティックな部分の叙述は小説の舞台装置の説明として出てくる。それさえ削ぎ落として登場人物のイーミックな会話だけで成り立たせているのが深沢七郎の小説である。深沢七郎の小説の中の会話は村に内在するイーミックの論理であるが、これを民俗と言わずに土俗と言いたい。土俗と民俗の相異を明確に教えてくれたのは深沢七郎の小説であった。

ここでは彼の小説の中では比較的遅い発表であった『極楽まくらおとし図』を取り上げて土俗と民俗の相異と日本の近代が擬似的に欧米的近代化する中で、その代償として日本の近代から消滅させた土俗のことを示してみたい。この小説が発表されたのは一九八四(昭和五十九)年の雑誌『すばる』であった。一九八二年に中曽根内閣が成立し、一九八五年に日航機墜落事故が起きた。

日本は高度経済成長の時期が終わり景気の低迷に日本経済が怪しくなってきた頃である。深沢七郎の一九八四年以前の作品も含めて単行本として『極楽まくらおとし図』として出版されたのは一九八五年である。この単行本の帯の宣伝文は「寝たきりの本家のジイさん、リョウさんが、〝まくらおとし〟で死にたい、とワシを呼んだ……。現代に密かに伝えられる奇習を描く表題作他、死と生が霊妙な握手をする最新短編9編。」とある。私が読んだのはこの単行本の方であるが、この帯の文章で内容の分かる若い人はおそらく現在では存在しないかもしれない。もちろん、かつてあった辺鄙な片田舎や辺境の地に、国民国家の内部に密かに私的世界を護り続けている村があったのかもしれない。その中でよもやと思われるような奇習が存在している。しかし、この小説の舞台はどうやら都市近郊農村の開発の進んだ住宅地のまっただ中であり、わざわざ舞台をそこに設定しているのは、深沢七郎の巧まざる小説の結構なのである。それは安楽死の慣習で、晒しを頸に掛けてその上に枕を置き、二人の男が両脇から座った足の肘で枕を頸を圧迫し窒息死させる方法のことである。おそらくこれをすると頸に何の跡も証拠も残らない。

国民国家の警察の目を潜って、彼らにとっては普通のことである奇習を護り続けてきていることが国民国家の普通の社会の内部に存在することを深沢七郎は主張しているように思う。彼の最初の作品である衝撃的なデビュー作『楢山節考』は各地に伝わってきた姨捨伝承を素材にしていて、舞台も時代も現代とは異なるように設定されているが、実は深沢七郎は『極楽まくらおとし図』の「あとがき」で「勿論、ときどき、そういう気になって、小説など書くことは、どこかの世界を見物に行くような気がしていた。その世界というのは、人間たちのこころの世界だから私の小説には風景の描写がほとんどない。ぶっきらぼうな、乱暴の書きかたじゃないかと反省するときがある」と書いている。帯の惹句に「奇習」とあるので、古い日本のどこか辺鄙な地か辺境の地に「まくらおとし」の習俗が本当にあったと思ってしまうかもしれないが、おそらくこれは深沢七郎の創作ではないかと思う。ここで論じたいのはこの習俗の存否の問題ではないけれども。

この奇習を支えている「こころの領域」は、きわめて私的領域であって何者もここを侵犯することのできないものであると深沢七郎は主張しているのではないか。そして何者も侵犯できないことを相互に了解している範囲がムラという存在なのではないか。生と死の私的領域の相互了解できる範囲こそが、村落共同体と言われるものである。この共同体が国家や権力の意志と相反する時、この共同体は「抵抗の核」として外部に機能することになる。相反しないときには「事大主義と島国根性」に隷属する因習的村落共同体として外部に顕在化する。

私が民俗学に惹かれたのは当然のことながら前者の「抵抗の核」となりうるかもしれない民俗の

方であった。民俗と言うよりこれは土俗と言った方がいいと思われる。それはどのような時代や地域の国家権力とも私的領域と言う意味で無縁なものだからである。この奇習としか表現できない土俗は、近世の幕藩体制という権力であろうが、一応急装備ながら国民国家体制を整えた近代日本の国家体制であろうが権力の存在様式とは関係なく、その狭い人間関係の中だけに通用する密約のようなものだからである。自然発生的な自然村というのが存在するとすれば、こうした中で村人同士の相互了解の行為として掟となっているようなものである。

きだみのるの『気違い部落周游紀行』、山本周五郎の『青べか物語』そして深沢七郎の『極楽まくらおとし図』という三つの作品に通底するものとは何であろうか。それは一言で言ってしまえば「民俗」というより「土俗」と言った方が形容としてふさわしい土着の論理・感性である。それは長い年月の経過する中で、ある時は権力に対峙して抵抗の核として機能したり、ある時は「お上」の言うことを事大主義的とさえ見える心性で従容と隷属する心性である。外部から見ればカメレオンのような反・従、抗・容の世界である。この土俗は、どんなときに反抗の核となり、どんなときに従容の心性となるのか、説明できるような代物ではなさそうである。そしておそらく近世的な起源をもつこうした土俗は、日本の近代的心性の下部に近世的心性の澱のように沈殿していたものなのであろう。時々外部から社会経済的なインパクトあるいは政治的な介入によって澱が攪乱されると澱は上部にまで上がって来ていたのであろう。しかし、近代の何時の日か、攪乱しても澱はもう上部にまで上がって来ないようになり、それこそ渡辺京二の『逝きし世の面影』(8)が言うように、近代の中の残滓としての近世的な澱は完全に歴史の中に消え去った。

こうした心性としての土俗が完全に消え去ったのはいつの頃であろうか。日本の近現代史の時代区分論でいえば、「ある時点に立ち止まったとき、過去の時間がひとまとまりの対象として自覚化されることはあるだろう。それは一般的には時代の転形期に特有の出来事といってもよく、そこにある生きられた過去の対象化は、一方では何がしかのノスタルジアを含み、他方ではそれまでとは違う時代に踏み込んだという不安な自己意識が色濃く随伴している」という近代史家・安田常雄の主張に賛意を表したい(9)。アジア・太平洋戦争の敗戦から七十二年経過していて、戦後という言葉ではこの七十二年を一括りにできない。この七十二年のどこかに転形期という七十二年を切断する日本の政治・社会・文化を境界があるはずである。この切断を世界的な学生反乱のピークであった一九六八年とするか、よもやと思っていたベルリンの壁の崩壊に象徴される一九八九年の社会主義体制の瓦解の時期とするか、同時代史論として論議されることであろう。

この七十二年のどこかで切断と言っていいような転形期があったことは間違いない。ただ、こうした世界史的な意味をもつ転形期の前には予兆的な現象があったのではないか。それがここで取りあげてきた山本周五郎の『青べか物語』や深沢七郎の『極楽まくらおとし図』の世界の消失ではないかと思うのである。深沢七郎の作品は八〇年代のものだけれども、早い時期の『楢山節考』や『盆栽老人とその周辺』（一九七三年）の世界も、こころの土俗の世界を表現していると意味では同じである。ここで土俗と言っているものは、その対蹠的なものを示せば明晰になるであろう。それは天皇制と言ってもいいし天皇のもつ神聖性と言ってもいい。

加藤典洋の戦後論はその意味ではきわめて興味深い視点を我々に提示している。彼の『日本風景論』に収められている「1959年の結婚」は鋭い視覚をもった戦後風景論である。[10] 骨子は、「皇太子ご成婚」（平成天皇）という事態を天皇のもつ「神聖性」と国民のもつ「天皇への戦争責任論意識」つまり「贖罪意識」との交換・贈与として見るという視点である。加藤典洋の問題意識は、この交換・贈与の結果、天皇制は国民のものとなり、天皇の戦争責任は訴追を免れることができたのではないかということである。この交換・贈与を意識することができたのは三島由紀夫と深沢七郎であり、それぞれそのことを三島は『憂国』で、深沢は『風流夢譚』で表明しているというのである。この交換・贈与は、天皇の戦争責任を無罪にするかわりに、天皇の神聖性はもう認めないということであるが、私はこの交換・贈与と同時にもう一つの交換・贈与があったのではないかと思っている。それは天皇の戦争責任と対偶としての人びととの主権在民であり、天皇の神聖性の対偶としての人びとの土俗性の放棄がセットとなって進行したのではないかと思うのである。

この土俗性の放棄というのは、きだみのるの『気違い部落周游紀行』の中の「チョボイチ」のような悪の共有や山本周五郎の『青べか物語』の中の男と女の物語に潜む暴力や不倫に見られる反権力性・反権威性あるいは深沢七郎の『極楽まくらおとし図』に見る安楽死という殺人がここで主張したい土俗性の典型である。これらの掟に縛られる範囲こそが、いわゆる村落共同体であり、それは外部から見れば私的領域の世界の中で共有される心性であった。『極楽まくらおとし』の発表年が一九八四年であり、こんな時期までそんな世界が存在したのではない。もうその頃になるとこの私的領域の世界は非親族を含む共同体から縮小して、親族という狭い範囲の中しか通用しない秘匿される奇習になっていると見るべきであろう。

三つの作品に見られる私的領域で繰り広げられる反権力・反権威の行動を「国家に回収されない、まつろわぬ民俗」と措定できるのではないか。こうした民俗の中に「抵抗の核となる習俗」が存在しなければならないと思った。この「国家に回収されない、まつろわぬ民俗」の存在というのは、戦後歴史学の中で称揚された自治性の高い近畿の中世惣村などがモデルであった。戦乱の中で生き延びる方法としての自治性の高い惣村という存在でさえ、国家に回収されない、まつろわぬ民俗を実際のところ体現していたかどうかは怪しいし、これは戦後歴史学が構築主義的な立場から表明した「あってほしい社会であり歴史」であったからに他ならない。名著といわれる石母田正の『中世的世界の形成』や中世の見方に大きな影響を与えた網野善彦の一連の仕事も、叙述したのは「あってほしい社会であり歴史」であったのではないかと思う。もちろん現在の体制的で右翼的な歴史家が、権力側にとっては都合の悪い事象としての歴史を「なかった事にしたい」という思いで叙述する歴史とは同列に語ることのできないことは承知の上でのことである。

一九四五年のアジア・太平洋戦争における敗戦は軍国主義的・植民地主義的国家の崩壊であった。そして日本は民主主義を国家の根幹に据えた国民国家に生まれ変わるはずであったが、一人前の国民国家になったのは天皇の戦争責任の放棄と引き換えの主権在民の獲得（私たちがもっている現在の憲法では条文上もっと早くもっていたがそのことを問題にしているのではない）と天皇の神聖性と引き換えに土俗性の放棄を待たねばならなかった。このことを象徴するのがが深沢七郎の『風流夢譚』と三島由紀夫の『憂国』であったと加藤典洋は主張しているのである。

それではこうした交換・贈与の行われる前の国家とは本当に国民国家の一形態であったのかとい

う疑問は当然起こることになる。日本の近代の出発である明治国家を国民国家の始まりと考えるのが普通であろうが、普通選挙も女性の参政権もなかった国家は一人前の国民国家とは言えないのではないか。それはヨーロッパ近代においても同じことでフランス革命以降のフランスはアンシアン・レージム体制に戻り、対外的には帝国主義的・植民地主義的外交を押し進めた。革命以後のヨーロッパは大きな流れとしては自国内民主主義体制と対外的帝国主義体制の両輪を強固に推進してきたと言える。

戦前の敗戦近い時期の軍国主義と植民地主義によって暴走していた頃の日本は、戦後欧米の植民地から独立したアフリカ諸国やアジア諸国が民族独立を果たしながら国内的には軍部独裁政権や強権的な政権によって支配されていくようになるのとある意味では相似形ではないのかと思われる。近代の初期から欧米に追いつき追いこすことを国是とした後発の資本主義国家・日本の敗戦まで辿った道と同じなのではないかと思うことがある。近代史家・小路田泰直はこのあたりの事情を次のように述べているのはきわめて示唆的である。

日本が、一九世紀末から二〇世紀初頭にかけてなりえたのは、第一次大戦後になると世界を覆い始める原則、民族自決の原則に基づく国家、すなわち民族国家であって、国民一人一人の主体的な合意に（社会契約）に基づく国家、すなわち一九世紀型国民国家ではなかった。そこに一つの伝統的文化共同体が実在するという「事実」に基づいて、「われわれ」の特殊性——たとえば万邦無比の国体を言い立てることによって成り立つ国家が民族国家であり、人権の普遍性に基礎を置き、個と個の契約的共同体としての擬制の下に成り立つ国家が、国民国家である。近代日本はその民族国家にはなれても、国民国家にはなれなかったのである。[11]

この小路田の観点は、隣国・韓国も同じような経験をしているのではないかと思われる。一九四五年の日本帝国主義の植民地の解放から朴正熙大統領の時代までの韓国は、植民地からの解放を国家の主要な理念としてできた民族国家＝軍事独裁国家であったのではないか。朴大統領の暗殺以降の韓国は急激に民族国家から近代的国民国家に変化し、経済的には急激な近代化を迎える。私は韓国の親しい友人である民俗学者・南根祐教授と学生運動と民俗学の関係性について議論する中で、このような考えに至ったのであるが、それを述べてみたい。

韓国の民俗学者である東国大学校・日本學研究所の南根祐教授は日本の民俗学を学んだ人である。私より二十年ほど若いが、彼は筑波大学歴史人類学系の宮田登先生のところで民俗学を学び、大学院時代に宮田登先生の配慮で国立歴史民俗博物館の坪井洋文先生のところで受託大学院生としついて研究していた。韓国と日本の稲作儀礼の比較を南根祐教授は研究していた。しかし、坪井先生が急逝してしまったので私が指導教員として後半引き受けた経緯があって親しくし、日韓の民俗学についての異同について議論をしてきた。[12]

彼の言葉の中で日帝三十六年ということがしばしば聞かれたが、彼は解放後に韓国・全羅南道・南原で生まれた。彼はしばしば「私は日本への留学前にもう一度留学経験がある」と冗談交じりでよく話していた。それは彼は高等学校を全羅南道で過ごしてからソウルの成均館大学校に入学するのであるが、南道育ちの彼にとってソウルはまるで外国と同じほどの異文化体験であったと言うのである。そして朴政権崩壊以降の疾走する近代化以前の韓国の社会の貧困と旧習への拘束のされ方は現在の若者には想像を絶するものであったというのである。

韓国の疾走した近代化については四方田犬彦著『ソウルの風景―記憶と変貌―』[13]に詳しい。四方田はこの著作で一九七九年のソウルと二〇〇〇年のソウルの変貌を同時代史として人類学者のような観察眼で叙述している。そして「韓国のようにこの二〇年間の間に極端な政治的変動が相続いた社会では、一つの世代とその後の世代の間には、日本ではとうてい考えられないほどの深い断絶が生じることになる」と言っている。韓国の民主化を担った世代を「三八六」世代というが、まさに南根祐さんはその世代の人間であることを念頭に置かなければ理解しえないことも多いのではないかと思う。

南根祐教授との彼我の民俗学についての議論で興味深かったのは、民俗学と政治運動・学生運動との関わりであった。彼によれば韓国の政治運動や学生運動では、民主主義・民族主義・民衆主義の三民主義が三位一体となって昂揚するというのである。特に民俗学に関係するのは民族主義と民衆主義の二つである。民主化運動の盛んなときには民俗学も盛んになり、民族主義と民衆主義に根拠を与える民俗学は民主化運動と一体化するというのである。

韓国の軍事政権下における民俗学の役割は、韓国が民族国家であったときの民族主義におそらく根拠を与えるものであったのであろう。これは欧米の帝国主義のもとにあった植民地の独立運動に根拠を与える民族主義の有り様と似ている。つまり「抵抗や反抗の核としての習俗」として民俗を評価しようというわけである。この点は少なくとも一九四五年以降の日本の民俗学とはあり方がまったく逆である。日本では政治運動や学生運動が盛んなときには、民俗学は旧来の陋習を研究する保守的な学であり、まったく顧みられなかったと言っていい。そして政治運動や学生運動が挫折したとき、初めて民俗学が大衆や民衆、あるいは日本民俗学の固有な言葉である「常民」の原像を把握できる存在として認められたと言っていい。

それでは福田アジオが主張する柳田国男における民俗学の成立期の問題との関連はどうなるのであろうか。福田は一九三〇年代をもって柳田国男の民俗学の成立期としているが、これは日本のいかなる時代であろうか。日本の近代化の契機は砲艦外交に象徴されるように外部からの開国への圧力であったことは間違いない。それに対して内側では尊皇攘夷という天皇制の近代的擁立と排外思想を装い、やがてこれは天皇制に仮託した帝国主義と欧米追従の開国思想へ転換を遂げることで近代化を推進しようとしてきた。これはイギリスと清国の間に起きたアヘン戦争の結果が大きな影響を与えたと言われる。結果として日本が帝国主義・植民地主義の欧米の植民地にならなかったことが大きな意味をもっている。仮に日本がどこかの国の植民地になっていたとしたら日本の民俗学はおそらく韓国の一九四五年以降しばらく続いた軍事政権への民主化闘争が、民主主義・民族主義・民衆主義という三民主義を旗印にしたように、同じことが起こったにちがいない。欧米の植民地から独立したアフリカ諸国や東南アジア諸国の独立運動も同じように民族独立や民族自立が自国の歴史・文化への自負を根本にもつ民俗学によって支えられることと同じである。

日本の場合は民族独立運動の根拠としての民俗学という形態にはならなかったが、欧米化という近代化への疑問というかたちで自文化への民俗学的内省がようやく確立したのが、一九三〇年代の柳田国男の民俗学確立期なのではないか。小路田泰直が戦前の日本が民族国家にはなりえても国民国家にはなれなかったのではという指摘は、このように考えるときわめて整合的なことである。つまり日本の民俗学は、植民地化されていれば抵抗や反抗のナショナル・アイデンティティの根拠として起源したであろう。日本はたまたま植民地化されずに擬似的な欧米的な国民国家になったため、民俗学を解放闘争の根拠にする必要はなかった。しかし欧米的近代の価値観や世界観をすべて受容するわけにはいかず、そうした近代主義に対して伝統主義が対抗して出現する。こうして伝統主義は「西欧近代」に対して「日本的なもの」を探すことになるが、これにもっとも多くの素材を提供したのが柳田国男によって創始された民俗学が蒐集した民俗であった。

人びとの普段の生活の中で実践されていた民俗的なものの中から、西欧近代に対抗、拮抗、反抗できるものを恣意的に取り出して「日本的なもの」として称揚され、伝統主義が構成されていったのではないか。しかし、この伝統主義の中の民俗というものは、決して植民地の中から解放の核として称揚される民俗とは異なるものである。戦前の軍国主義的傾向が強まれば、それに比例して、これらの伝統主義はいとも簡単に国家に回収され翼賛体制の一翼を担うことになってしまったのは、そういう成り立ちの経緯が原因なのであろう。いずれにせよムラの中の私的領域として保たれていた外見的には反権力・反権威の土俗は、こうした伝統主義の中でも密かに生き続けてきた。しかし、戦後七十年の中頃に、土俗の放棄と主権在民の交換によって現在の私たちの世界が現出したのではないだろうか。

この最終章の冒頭に述べてきたムラの私的領域への軽い侵犯の結末ということも述べておかなければならない。軽い侵犯ではなく大きな侵犯についても本来なら述べるべきであろうが、やはりそれについては躊躇せざるをえない。さて、この私のムラへの侵犯に対して葬儀の一部始終の観察と聞き書きを許可した世帯主夫婦は私の掟破りについてムラで取りなしをしてくれた。問題の葬儀があったのが一九七六年であるので、それから数えてもすでに四十年になる。このムラとの直接的なつきあいは私が三年半に及ぶ岡山県の蒜山での暮らしから離れて終わった。しかし、世帯主夫婦とはそれからずっとつきあってきた。十数年前であろうか、世帯主のおじさんが亡くなったときには世帯主の妻であるおばさんがすぐ連絡してきた。そのときは関東に住んでいたので朝早く家を出たが、葬家に辿り着いたのは夕方であった。おじさんは大往生ということでムラでは懐かしい面々が酒を飲んで大騒ぎであり、宴会なのか葬式なのか分からないほどのものであった。ムラで物議をかもした私の葬儀の論文のときのおじさんの母親と同じ墓地にすでに彼は埋葬されていた。もう火葬であったが、夜遅く酒のせいで足がふらつく中墓参りもした。

それからさらに十数年が経ち、もう御歳暮とお中元それに年賀状とそれに伴う電話でのつきあいになっていたが、それでもこの葬家とのつきあいは続いた。ある年のこちらから贈った御歳暮の後であったが葬家から電話があった。それはその年の三月にすでにおばさんは世を去っていて、御歳暮は今年限りで終わりにしてほしいという家を継いだ娘からの電話であった。なぜおばさんが死んだときに連絡をしてくれなかったのかと若干非難がましく思ったけれども、この章の冒頭で述べた香典帳が示した親族つきあいのとりやめという暗黙のルールを思い出した。つまり葬儀の知らせをしなかったというのは、これで私の民俗学の原点であったあの懐かしいムラとのつきあいは向こうから縁を切られたということなのだと思い知らされたのである。こうして私はムラの私的領域への侵犯は今後立ち入らないことという審判が下され、追放処分となったわけである。

注記

（1）篠原徹「中国地方一山村の葬儀と社会関係」『岡山理科大学蒜山研究所研究報告』第六号、一九八一年

（2）篠原徹「中国地方一山村の家族・婚姻・通婚圏」『岡山理科大学蒜山研究所研究報告』第四号・第五号、一九八〇年

（3）会田綱雄「伝説」詩集『鹹湖』より、『現代詩人全集』第九巻戦後Ⅰ、角川文庫、一九六〇年

（4）吉本隆明「夕ぐれと夜との独白（一九五〇年Ⅰ）」より、『初期ノート』光文社、二〇〇六年

（5）中村淳「〈土人〉論―「土人」イメージの形成と展開―」、小松和彦「南洋に渡った壮士・森小弁」篠原徹編『近代日本の他者像と自画像』柏書房、二〇〇一年

（6）『文化人類学事典』弘文堂、一九八七年

（7）室井康成「きだみのると柳田国男―〈擬制〉の打破としての民俗学の実践―」『伊那民俗研究』第一六号、柳田國男記念伊那民俗学研究所、二〇〇八年

（8）渡辺京二著『逝きし世の面影』平凡社ライブラリー、二〇〇五年

（9）安田常雄「歴史としての20世紀―ひとつの断片として―」『論壇人間文化』Vol.3、大学共同利用機関法人・人間文化研究機構、二〇〇八年

（10）加藤典洋著『日本風景論』講談社学術文庫、二〇〇〇年

（11）小路田泰直著『国民〈喪失〉の近代』吉川弘文館、一九九八年

（12）篠原徹「挫折とフォークロア―戦後日本の学生運動と民衆―」『日本學』第二九輯、東國大學校文化學院・日本學研究所、二〇〇九年

（13）四方田犬彦著『ソウルの風景―記憶と変貌―』岩波新書、二〇〇一年

おわりに

登山と言うほどのことはないが山歩きのおもしろさを教えてくれた昔からの友人たちと再び京都や滋賀の山歩きを楽しんでいる。つい最近も晩秋の大江山山頂近くのミズナラとブナの混交林を歩いた。私は最近俳諧・俳句に凝っているので、蕪村の「雲の峰に肘する酒呑童子かな」の句のような光景つまり秋空に一つの雲があたかも酒呑童子ような形をして浮かび、別の岩のような雲塊に肘して地上の人びとを睥睨しているような構図を期待したのであったが、この日は雲一つない空が抜けるような青の色であった。関東から居を近江に移して七年になるが、「芭蕉の近江、蕪村の京」に多大な関心を寄せている。その関心は京に対して里の鄙としての近江と山の鄙としての丹波と関連している。ブナ林を散策したこの日の大江山の山頂から周囲三百六十度を見渡すことができた。

京の方角を見ると低い山並みが重畳と続き、歩いて京の都に行くのは遠いと感じる。まさに「大江山いくのの道の遠ければまだ踏みも見ず天橋立」の反対方向からの感覚なのである。そしてこの日一緒に登った友人の一人が「天橋立が見える」と叫んだが、大江山と天橋立は対の存在であったことが分かった。

この頃転形期という言葉が気になっている。この言葉は羽仁五郎の造語だと聞いたが、転形期とは、ある期間の過去が一つのまとまりとして認識され、その一つのまとまりにある種の懐かしさが伴い、それでいてやはり違う時代に入ったという感覚がどこに連れていかれるのか不安な精神を生み出すというものである。現在こそがまさに転形期なのではないか。違う時代にさしかかったというのは現在の社会の中心的な四十代や五十代の人びとと私たちのような一九四五年前後生まれの者との意識のずれや理解しがたい感覚から来るのかもしれない。不安な精神というのは反知性的なナショナリズム的政治によって戦争の時代に近づいていくのではという恐れに起因しているのかもしれない。このナショナリズム的政治は日米安全保障条約の見直しすらできないアメリカへの属国的外交を積極的に行うという倒錯的なものである。

一九四五年生まれの私にとってはこの七十二年間は干戈の響きのなかった時代である。日本の近代が始まって百五十年経過したが前半の約八十年は十年毎にやってくる干戈の響きの中で人びとは生活していた。この近代日本の前半と後半は相反する対称的な世界であったわけであるが、この次に来る違う時代が前半と同じような戦争の世界になるのではということがおそらく不安な精神を生み出しているのであろう。

こうなるとにわかに近代直前の長きにわたった江戸時代が、遅れた世界ではなく干戈の響きのない世界史上稀な平和な世界として意味をもちはじめる。平和を持続させた文明としての日本の近世を芳賀徹は『文明としての徳川日本』（筑摩書房、二〇一七年）で描き出している。平和を持続させた文明の精神や感性を、戦乱に明け暮れた時代からさほど遠くない時期に生まれた芭蕉と、文明として春風駘蕩の時代に生まれた蕪村の俳諧で証左するというユニークな叙述法を採用している。最近私自身が俳諧・俳句に凝っているのであるが、なぜ俳諧・俳句に関心がいくようになったのかよく分からなかった。しかし、この俳諧・俳句の精神や感性は平和を持続させてきた文明の精神や感性と同じものだからではないかと、この『文明としての徳川日本』を読んで気づかされた。俳諧・俳句に関心を寄せることは、歳をとって暇な人間のすさびなどではなく平和を持続させてきた文明の精神や感性を取り戻すためのものではないかと思う。

民俗学を志して五十年が経ったが、何が分かって何が分からないのかさえ弁別できない騒擾で混乱の世の中を右往左往しながら生きてきたに過ぎないのかもしれない。他者を知ることによって自己の生き方も変わるというフィールドワークの方法に限りない信頼をおいて歩いてきた。確かにそのことによって現在の自分があることは間違いないことであるが、もう一つの別の自分の有り様などはどのような想像力を働かせてもわからない。他者を知るということは仮想的に他者を生きることである。福沢諭吉は近世の終わりと近代の初めというそれこそ転形期を生きたが、この二つの世に生きることを縦軸の一身二生と言ってもいいだろう。福沢諭吉自身はこのことを肯定的に捉えていた。民俗学が他者を知ることに本願があるとすれば、それは横軸の一身二生と言ってもいいだろう。この横軸の一身二生でそれが仮想的であれ他者にかなり近づいたとしたら、本人が生きていく時どちらの自分を基盤にして生きていけばいいのだろうか。これだけでもかなり困難なことになる。まして現在が転形期だとすれば人は否が応でも縦軸の一身二生を強いられることになり、横軸の一身二生の生き方をする人は、両者が合わさって四象限の生き方を生きることになってしまい空中分解しそうである。民俗学という学問が世の中の役に立つことなどつゆとも思ったことはないが、他者を知ることによる世界認識や他者を通じての自己認識などが分裂してしまいそうである。

身過ぎ世過ぎとして民俗学を標榜して生きてきたが、我が親友であった人類学者・掛谷誠は「人類学者は詩を書かない詩人なんや」と言っていた。その顰みに倣って「民俗学者は詩を書かない詩人なんや」と居直ることにしたい。詩は人びとの心に響くが、一銭のお金にもならず経世済民など何の関係もない。ただ、一編の詩がいつかどこかで世の中を変えていくことがあるかもしれないことを信じるしかないであろう。

著者紹介

篠原 徹（しのはら とおる）

1945年中国長春市生まれ。民俗学者。

京都大学理学部植物学科、同大学文学部史学科卒業。専攻は民俗学、生態人類学。国立歴史民俗博物館教授を経て現在、滋賀県立琵琶湖博物館館長。従来の民俗学にはなかった漁や農に生きる人々の「技能」や自然に対する知識の総体である「自然知」に目を向ける（「人と自然の関係をめぐる民俗学的研究」）。

著書に『自然と民俗―心意のなかの動植物―』（日本エディタースクール出版部、1990年）『海と山の民俗自然誌』（吉川弘文館、1995年）『アフリカでケチを考えた―エチオピア・コンソの人びとと暮らし―』（筑摩書房、1998年）『自然とつきあう』（小峰書店、2002年）『自然を生きる技術―暮らしの民俗自然誌―』（吉川弘文館、2005年）『自然を詠む―俳句と民俗自然誌 ―』（飯塚書店、2010年）『酒薫旅情―琵琶湖が誘う酒と肴の俳諧民俗誌―』（社会評論社、2014年）『民俗の記憶―俳諧・俳句からみる近江―』（社会評論社、2017年）など。

民俗学断章

2018年5月10日初版第1刷発行

著／篠原徹

発行者／松田健二

発行所／株式会社　社会評論社

〒113-0033　東京都文京区本郷2-3-10　お茶の水ビル
電話　03（3814）3861　FAX　03（3818）2808

印刷製本／倉敷印刷株式会社

http://shahyo.sakura.ne.jp/wp/

社会評論社最新情報はコチラ